Cuaderno de prá...

Composición

Proceso y síntesis

Quinta edición

Guadalupe Valdés
Stanford University

Trisha Dvorak
University of Washington

Thomasina Pagán Hannum

McGraw-Hill
Higher Education

Boston   Burr Ridge, IL   Dubuque, IA   New York   San Francisco   St. Louis
Bangkok   Bogotá   Caracas   Kuala Lumpur   Lisbon   London   Madrid   Mexico City
Milan   Montreal   New Delhi   Santiago   Seoul   Singapore   Sydney   Taipei   Toronto

Mc Graw Hill McGraw-Hill Higher Education

Published by McGraw-Hill, an imprint of The McGraw-Hill Companies, Inc.,
1221 Avenue of the Americas, New York, NY 10020. Copyright © 2008, 2004,
1999, 1989, 1984.

This book is printed on acid-free paper.

6 7 8 9 0 QDB/QDB 5 4 3 2 1

ISBN: 978-0-07-328804-8
MHID: 0-07-328804-7

Editor in Chief: *Michael Ryan*
Publisher: *William Glass*
Sponsoring Editor: *Katie Crouch*
Marketing Manager: *Jorge Arbujas Silva*
Developmental Editor: *Mara Brown*
Production Editor: *Regina Ernst*
Manuscript Editor: *Cici Teter*
Design Manager: *Margarite Reynolds*
Text Designer: *Susan Breitbard*
Cover Designer: *Asylum Studios*
Art Editor: *Ayelet Arbel*
Supplements Producer: *Louis Swaim*
Production Supervisor: *Rich DeVitto*
Composition: *10/12 New Aster by Aptara, Inc.*
Printing: *45# New Aster Matte 10/12, Worldcolor*

Cover: © Brand X Pictures/PunchStock
Credits: **Page 63** Adapted from <u>Natura</u>, Spain 1986; **Page 122** from <u>Tribuna</u>

The Internet addresses listed in the text were accurate at the time of publica-
tion. The inclusion of a Web site does not indicate an endorsement by the
authors or McGraw-Hill, and McGraw-Hill does not guarantee the accuracy of
the information presented at these sites.

www.mhhe.com

Contenido

CAPÍTULO 1 —LA DESCRIPCIÓN 1

Orientación 1

Primera etapa: Antes de redactar 2

Técnicas y estrategias: El uso de los adjetivos en la descripción 2

Aspectos estilísticos: El lenguaje vivo: Connotación y denotación 3

Interacciones lector/escritor: Anticipando las preguntas del lector 4

Texto: El parque 5

Segunda etapa: La redacción y la revisión de las versiones preliminares 6

Plan de redacción: La descripción 6

Plan de redacción 6

Corrección de pruebas: Contenido y organización 7

Texto: Mi abuelo 8

Estrategias para la revisión 9

Plan de revisión 9

La autorrevisión con una lista de control 10

Lista de control para la descripción 11

Tercera etapa: La revisión de la forma y la preparación de la versión final 12

Repaso de aspectos básicos: La estructura de la oración 12

Repaso de aspectos gramaticales: *Ser* y *estar:* Usos de mayor frecuencia 16

Corrección de pruebas: Formas 23

Repaso de vocabulario útil: La realidad espacial; la descripción de personas 23

Corrección de pruebas: El lenguaje y la expresión 27

Texto: Roncesvalles y el Camino de Santiago 28

CAPÍTULO 2 —LA NARRACIÓN 29

Primera etapa: Antes de redactar 29

Técnicas y estrategias: El uso del diálogo en la narración 29

Aspectos estilísticos 30

I. Cómo distinguir entre el trasfondo y la acción en la narración 30

II. Vocabulario vivo 31

Interacciones lector/escritor: Saber qué incluir y qué dejar fuera 32

Texto: El encuentro con una mofeta 33

Segunda etapa: La redacción y la revisión de las versiones preliminares 34

Plan de redacción: La narración 34

Plan de redacción 34

Corrección de pruebas: Contenido y organización 35

Texto: Un fin de semana memorable 35

Estrategias para la revisión 37

Plan de revisión 37

Lista de control para la narración 38

Tercera etapa: La revisión de la forma y la preparación de la versión final 39

Repaso de aspectos básicos: Las preposiciones *a* y *en* 39

Repaso de aspectos gramaticales: Los tiempos pasados 40

Corrección de pruebas: Formas   47

Repaso de vocabulario útil: La cronología; reportando el diálogo   49

Corrección de pruebas: El lenguaje y la expresión   54

Texto: La carrera   54

CAPÍTULO 3 —LA EXPOSICIÓN (PARTE 1)   55

Primera etapa: Antes de redactar   55

Técnicas y estrategias: La organización del párrafo, la oración temática y la unidad en el párrafo   55

Aspectos estilísticos   59

I. El estilo y la estructura de la oración: Técnicas para construir oraciones más largas   59

II. Combinar oraciones por medio del participio pasado   60

Interacciones lector/escritor: La caracterización del lector   62

Texto: La orca   63

Segunda etapa: La redacción y la revisión de las versiones preliminares   64

Plan de redacción: La exposición   64

Plan de redacción   64

Corrección de pruebas: Contenido y organización   65

Texto: El hombre   66

Estrategias para la revisión   67

Plan de revisión   67

Lista de control para la exposición   68

Tercera etapa: La revisión de la forma y la preparación de la versión final   69

Repaso de aspectos básicos: Las preposiciones *por* y *para*   69

Repaso de aspectos gramaticales: La voz pasiva   72

Corrección de pruebas: Formas   80

Repaso de vocabulario útil: El análisis y la clasificación   81

Corrección de pruebas: El lenguaje y la expresión   83

Texto: Los deportes en la universidad   83

CAPÍTULO 4 —LA EXPOSICIÓN (PARTE 2)   84

Primera etapa: Antes de redactar   84

Técnicas y estrategias   84

I. La precisión al escribir una tesis   84

II. El paralelismo en la comparación y el contraste   86

III. La presentación lógica de la causa y el efecto   87

Aspectos estilísticos: El estilo y la estructura de la oración: La combinación de oraciones por medio de las conjunciones adverbiales   89

Interacciones lector/escritor: Introducciones y conclusiones   91

Texto: El sistema penitenciario   92

Segunda etapa: La redacción y la revisión de las versiones preliminares   94

Plan de redacción: La exposición   94

Plan de redacción   94

Corrección de pruebas: Contenido y organización   95

Texto: ¿Es mejor que la universidad sea grande o pequeña?   96

Estrategias para la revisión   98

Plan de revisión   98

Lista de control para la exposición   99

Tercera etapa: La revisión de la forma y la preparación de la versión final 100

Repaso de aspectos básicos: Usos especiales de los complementos pronominales 100

Repaso de aspectos gramaticales: El subjuntivo 103

Corrección de pruebas: Formas 114

Repaso de vocabulario útil: Comparación/contraste; causa/efecto; introducciones/conclusiones 114

Corrección de pruebas: El lenguaje y la expresión 120

Texto: Los estereotipos 120

CAPÍTULO 5 —LA ARGUMENTACIÓN (PARTE 1) 121

Primera etapa: Antes de redactar 121

Técnicas y estrategias 121

I. El análisis de la posición contraria 121

II. La columna editorial y la argumentación 122

Texto: El lenguaje 122

Aspectos estilísticos: El estilo y la estructura de la oración: Más práctica en las técnicas para combinar oraciones 124

Interacciones lector/escritor: La credibilidad 126

Texto: Publicar memorias 127

Segunda etapa: La redacción y la revisión de las versiones preliminares 128

Plan de redacción: La argumentación 128

Plan de redacción 128

Corrección de pruebas: Contenido y organización 129

Texto: La prisión abierta: Una posible solución 130

Estrategias para la revisión 131

Plan de revisión 132

Lista de control para la argumentación 133

Tercera etapa: La revisión de la forma y la preparación de la versión final 134

Repaso de aspectos básicos: Verbos con preposiciones 134

Corrección de pruebas: Formas 137

Repaso de aspectos gramaticales: Los pronombres relativos 137

Corrección de pruebas: Formas 142

Repaso de vocabulario útil: Los argumentos 143

Corrección de pruebas: El lenguaje y la expresión 144

Texto: La violencia en la televisión 144

CAPÍTULO 6 —LA ARGUMENTACIÓN (PARTE 2) 146

Primera etapa: Antes de redactar 146

Técnicas y estrategias 146

I. El resumen y la argumentación 146

Texto: El humor 146

II. El lenguaje personal 147

Aspectos estilísticos: Las formas no personales del verbo y la combinación de oraciones 148

Interacciones lector/escritor: Las transiciones 153

Segunda etapa: La redacción y la revisión de las versiones preliminares 155

Plan de redacción: La argumentación sobre la literatura 155

Plan de redacción 155

Corrección de pruebas: Contenido y organización 156

Texto: La fuga de la tía Matilde y la perra 157

Estrategias para la revisión 160

Plan de revisión 161

Lista de control para la argumentación 162

Tercera etapa: La revisión de la forma y la preparación de la versión final 163

Repaso de aspectos básicos: Los artículos definidos e indefinidos 163

Repaso de aspectos gramaticales: El uso del gerundio 172

Corrección de pruebas: Formas 178

Repaso de vocabulario útil: Las transiciones; resumiendo y comentando la acción de una obra 179

I. El vocabulario para marcar las transiciones 179

II. El vocabulario para comentar un texto argumentativo 180

Corrección de pruebas: El lenguaje y la expresión 181

Texto: El teatro: Un escenario natural para un drama absurdo 181

APÉNDICE —RESPUESTAS A LOS EJERCICIOS DE GRAMÁTICA 183

Capítulo **1**

La descripción

Orientación

*Al igual que en el libro de texto, cada capítulo del **Cuaderno de práctica** está dividido en tres etapas. Las actividades se pueden completar en cualquier orden, pero si Ud. quiere, puede completarlas a la vez que estudia las técnicas y los temas correspondientes en el libro de texto. Por ejemplo, Ud. puede practicar las técnicas aprendidas en la **Primera etapa** del **Capítulo 1** del libro de texto, haciendo las actividades de la **Primera etapa** del **Capítulo 1** del **Cuaderno de práctica.***

*Ud. podrá encontrar muchas de las respuestas para las actividades en el **Apéndice** de este **Cuaderno de práctica.***

Este ***Cuaderno de práctica*** le ofrece a Ud. un lugar para continuar su exploración de ideas, experimentar las varias técnicas estilísticas y trabajar con los aspectos gramaticales y el vocabulario que está estudiando en el libro de texto. Cada capítulo incluye un **plan de redacción** y un **plan de revisión,** ambos diseñados específicamente para el modo de redacción que se enfoca en ese capítulo. Esta práctica lo/la ayudará a Ud. a adquirir dominio sobre las técnicas que necesitará para completar la tarea de cada capítulo, y también, para escribir buenas composiciones en general.

EN SU LIBRETA. . .

*utilice su **libreta personal** para apuntar las ideas y perspectivas que obtenga de las actividades de clase, de las conversaciones entre sus compañeros de clase, de las explicaciones y lecturas y también de lo que le venga a la mente mientras completa el **Cuaderno de práctica.** Ud. puede utilizar estas notas, apuntes y tablas de ideas para desarrollar los borradores de sus composiciones. Recuerde que en su libreta no es necesario que escriba con oraciones completas; puede anotar sus reflexiones usando palabras y frases sueltas e incluso gráficas y mapas semánticos.*

 Rincón del escritor

Al igual que en el libro de texto, Ud. encontrará en el ***Cuaderno de práctica*** el icono del **Rincón del escritor.** Por ejemplo, si Ud. quiere saber más sobre la redacción libre, visite el **Rincón del escritor.**

www.mhhe.com/composicion5

Rincón del escritor
En el **Rincón del escritor,** bajo **Más lecturas, Capítulo 1,** hay una lectura recomendada en el libro de texto. Esta lectura emplea muchas de las técnicas descritas en este capítulo. Si no lo ha hecho ya, ¡léala!

www.mhhe.com/composicion5

Primera etapa: Antes de redactar

TÉCNICAS Y ESTRATEGIAS

El uso de los adjetivos en la descripción

❖ **Actividad.** Examine las siguientes oraciones descriptivas. Note que se ha utilizado poca imaginación en la selección de los adjetivos y las frases adjetivales. Reescriba cada oración, agregando detalles y utilizando un vocabulario que refleje una imagen más viva de lo descrito.

EJEMPLO:

Oración original:	La muchacha tenía las manos grandes.
Cambio:	Las manos de la muchacha eran enormes, de dedos largos y gruesos.

1. El automóvil era antiguo. _____
   _____

2. La mamá era joven. _____
   _____

3. La cama es muy vieja. _____
   _____

4. La niña nos había parecido extrovertida. _____
   _____

5. La casa es moderna. _____
   _____

6. Marta era una niña seria. _____
   _____

7. Su papá era inteligente. _____
   _____

8. La sala es un cuarto triste. _____
   _____

9. El niño pequeño tiene ojos bonitos. _____
   _____

10. La oficina estaba llena de cosas. _____
    _____

*Si Ud. ve «❖» junto a alguna actividad, esto significa que **NO** se incluyen las respuestas en el **Apéndice.***

ASPECTOS ESTILÍSTICOS

El lenguaje vivo: Connotación y denotación

Todo lenguaje convincente y memorable saca provecho de las connotaciones y las denotaciones de las palabras. La denotación de una palabra es el significado que uno encuentra en el diccionario: *dulce* y *salado* denotan sabores, por ejemplo. Sin embargo, cada palabra tiene asimismo varias connotaciones: *dulce* puede sugerir «inocente», «gentil», «suave» y «apacible», y *salado* puede comunicar connotaciones como «gracioso» y «chistoso» en algunas regiones y «desgraciado» o «infortunado» en otras. La connotación de una palabra es lo que esta le sugiere a cada persona; así, puede variar según la experiencia personal al igual que el dialecto regional que uno habla. Generalmente, la connotación de una palabra se asocia con las emociones. Al hacer una descripción, el escritor debe tener en cuenta que muchas veces la connotación de una palabra es más poderosa que su denotación.

Actividad A. Cada uno de los siguientes pares de palabras puede comunicar algo positivo y/o negativo. Escoja uno de los pares, e identifique tantas connotaciones como pueda (10 palabras como mínimo) y ubíquelas en la gráfica de abajo. Si quiere, puede comparar sus agrupaciones con las del resto de la clase. ¿Hay mucha diferencia de opiniones?

    1. caro / barato

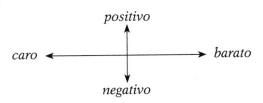

    2. nuevo / viejo

    3. importante / no importante

    4. atractivo / no atractivo

    5. útil / inútil

❖ **Actividad B.** El texto sobre Mafalda en la página 20 y el texto que se encuentra en el **Rincón del escritor** (**www.mhhe.com/composicion5**) bajo **Más lecturas,** *Capítulo 1,* contienen muchos adjetivos que se refieren a cualidades tanto positivas como negativas sin recurrir a palabras supercomunes como «simpático» o «antipático». La siguiente gráfica incluye algunos de los adjetivos de estos dos textos. ¿Dónde los ubicaría Ud. en la gráfica?

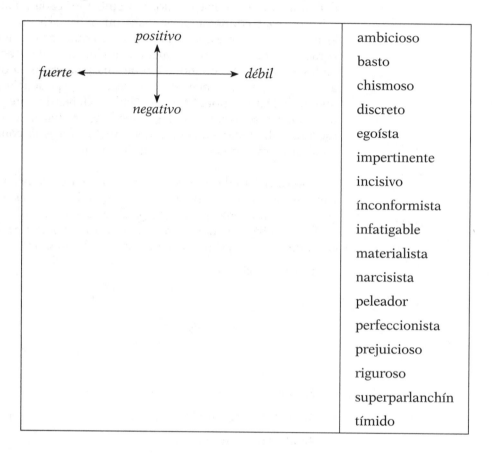

positivo	ambicioso
fuerte ←——————→ *débil*	basto
	chismoso
negativo	discreto
	egoísta
	impertinente
	incisivo
	ínconformista
	infatigable
	materialista
	narcisista
	peleador
	perfeccionista
	prejuicioso
	riguroso
	superparlanchín
	tímido

INTERACCIONES LECTOR/ESCRITOR

Anticipando las preguntas del lector

El éxito de cualquier escrito depende de la selección de datos que contribuyan a la impresión que desea transmitirse. Esta impresión se deriva del propósito que el escritor tiene pensado: ¿Por qué se escribe? ¿Qué impresión se quiere dar? ¿Qué se intenta lograr?

Para poder crear una impresión específica, también hay que tomar en cuenta el propósito que puede tener la persona que va a leer el escrito: ¿Por qué lo lee? ¿Qué información tiene ya con respecto al tema? ¿Qué información busca?

Escribir bien no es abrumar al lector con toda la información que uno tiene con respecto a cierto tema. Al contrario, escribir bien es, ante todo, *seleccionar* los datos según el propósito que se tenga y luego presentarlos de manera clara e interesante.

❖ **Actividad.** Un estudiante tuvo que escribir una descripción de su lugar favorito. ¿Cuáles son algunas de las preguntas que Ud. como lector puede hacerse acerca de dicho lugar? A continuación hay algunas preguntas de otro estudiante. Agregue las suyas.

Información que el lector busca al leer el escrito:

1. ¿Por qué considera el lugar tan especial?
2. ¿Qué se puede ver y hacer ahí?
3. ¿A quién más le gustaría ese lugar?
4. _____
5. _____
6. _____

Ahora lea la descripción. ¿Se han tomado en cuenta las necesidades del lector? Explique.

 ## El parque

Cuando era joven, mi familia y yo vivíamos en una ciudad muy grande. Los parques eran, y todavía son, lugares fantásticos y misteriosos. Había un parque que quedaba cerca de nuestro apartamento. Era un lugar que a veces me encantaba y otras veces me daba miedo.

Mis amigos y yo pasábamos muchos fines de semana y veranos enteros patinando, corriendo y jugando en el parque. También íbamos al zoológico que se encontraba allí. Había muchos árboles y jardines. Como no estaba lejos de casa, nuestros padres nos permitían ir en grupos.

Más tarde, cuando ya estaba en la secundaria, me gustaba ir con uno o dos amigos para caminar y hablar de las cosas que nos interesaban y de la vida en general.

Pasé muchas horas buenas en ese lugar.

Segunda etapa: La redacción y la revisión de las versiones preliminares

PLAN DE REDACCIÓN: LA DESCRIPCIÓN

❖ **Actividad.** Si Ud. no ha completado todavía un plan de redacción para la tarea de este capítulo, complételo a continuación, siguiendo los pasos de la *Segunda etapa* del *Capítulo 1* del libro de texto.

PLAN DE REDACCIÓN: LA DESCRIPCIÓN
1. El tema: _____
2. Mi propósito como escritor: _____
El lector: _____
Su propósito como lector: _____
Cinco preguntas cuyas respuestas el lector busca en el escrito:
• _____
• _____
• _____
• _____
• _____
3. Los detalles: _____
_____
_____
_____
_____
_____
_____
_____
_____
_____
_____

EN SU LIBRETA. . .

si Ud. no ha completado todavía el borrador para la tarea de este capítulo, complételo ahora.

PLAN DE REDACCIÓN: LA DESCRIPCIÓN
_____
_____
_____
_____
_____
_____
_____

CORRECCIÓN DE PRUEBAS: CONTENIDO Y ORGANIZACIÓN

❖ **Actividad.** Un estudiante de tercer año ha escrito una descripción de una persona importante en su vida: su abuelo.

Conteste la primera pregunta antes de leer el texto. Una vez leída y analizada cuidadosamente la descripción, conteste las demás preguntas. Después complete el plan de revisión.

1. Ud. es el lector pensado. Identifique cuál es su propósito al leer la descripción: ¿visualizar al abuelo? ¿apreciar la importancia de este ante los ojos del escritor? ¿entender su importancia en otro contexto más grande? ¿tomar alguna decisión con respecto al abuelo (por ejemplo, ¿invitarlo a una fiesta? ¿darle trabajo? ¿darle un préstamo?)?

   Propósito: _____

   Apunte aquí cuatro o cinco preguntas relacionadas con su propósito, cuyas respuestas buscará Ud. en la descripción. Después, siga con el análisis.

   _____

   _____

   _____

   _____

   _____

   _____

Texto: Mi abuelo

Mi abuelo es bajo, calvo y un poco grueso. Mide alrededor de cinco pies y seis pulgadas de estatura y es tan sólido como una roca. El poco cabello que tiene a los lados se le va salpicando de blanco. El brillo de sus ojos y la sonrisa amistosa de sus labios han suavizado sus facciones endurecidas por la pérdida del cabello. Siempre lleva un sombrero de vaquero que, de tanto usarlo, ya parece ser parte de él tanto como su mano derecha. Se ciñe los pantalones debajo de un vientre tan voluminoso que el de Papá Noel parecería pequeño. Las botas de vaquero que usa les dan más fuerza a sus pisadas, tanto que cuando entra en un cuarto casi vibran las paredes. Su voz es fuerte y su carácter amistoso, y siempre saluda hasta a los desconocidos. Nunca hay un minuto de silencio en su presencia. Inventa un cuento nuevo para cada ocasión y puede hacer que cualquier incidente, por insignificante que sea, parezca emocionante. Le gusta divertir a la gente contando siempre sus hazañas y aventuras.

Análisis

2. ¿Acierta el escritor en contestar sus preguntas? ¿Contesta todas?

_____

_____

3. ¿Cuál es la idea principal que el escritor intenta expresar en este borrador?

_____

_____

4. ¿Se relaciona toda la información directamente con la idea principal? De lo contrario, ¿qué parte(s) no viene(n) al caso?

_____

_____

5. ¿Hay partes sobre las cuales le gustaría a Ud. tener más información (explicación, ejemplos, detalles)?

_____

_____

_____

6. ¿Hay partes del texto en que de repente se encuentre Ud. «perdido/a»?

_____

_____

7. ¿Captó su interés la introducción? ¿Quiso Ud. seguir leyendo?

_____

_____

8. ¿Qué parte(s) del borrador le gusta(n) más?

_____

_____

_____

ESTRATEGIAS PARA LA REVISIÓN

Revisar un escrito exige hacer cambios para mejorar el escrito en su totalidad. Exige eliminar y añadir ideas, reorganizar detalles y producir una nueva versión que frecuentemente se parecerá muy poco al primer borrador. Al escribir un borrador se trabaja a veces rápidamente, ya que se quiere captar las ideas antes de que estas se escapen. Con frecuencia se omite algo importante o se incluyen detalles que poco aportan al propósito principal del escrito. Revisar, entonces, quiere decir volver a conceptuar el escrito en su totalidad. Hay dos estrategias principales para la revisión: la primera estrategia pide la participación activa de un compañero / una compañera de clase; la segunda estrategia se puede hacer a solas.

La revisión en colaboración

En esta estrategia, Ud. trabaja con un compañero o una compañera de clase para llevar a cabo la reconceptualización de su escrito. Al compartir su borrador, Ud. tiene la oportunidad de averiguar el efecto que tiene su escrito en otra persona. Su compañero/a examina el escrito objetivamente para determinar si Ud. ha logrado comunicar lo que inicialmente se proponía. Las opiniones francas y directas de un lector-compañero / una lectora-compañera son una guía importante y valiosa; sin embargo, al pedir opiniones y sugerencias Ud. no ha renunciado al control de su propio texto. Sólo el escritor puede decidir qué hacer con las sugerencias del lector-compañero / de la lectora-compañera.

❖ **Actividad.** Haciendo el papel de lector-compañero / lectora-compañera para el individuo que escribió el texto «Mi abuelo» de la página 8, complete el siguiente plan de revisión. ¿Qué sugerencias le puede ofrecer?

PLAN DE REVISIÓN: LA DESCRIPCIÓN [*MI ABUELO*]
1. Comentarios positivos sobre el texto: _____   _____   _____   _____   _____   **2.** La idea principal del texto: _____   _____   _____   _____

Los lectores quieren saber lo siguiente con respecto a este tema (marque la caja con este símbolo ✓ si el texto contesta la pregunta):

☐

☐

☐

☐

☐

3. Detalles que necesitan agregarse, reorganizarse o cambiarse:

_____

_____

_____

_____

_____

4. Sugerencias y ejemplos relacionados con el lenguaje vivo:

_____

_____

_____

_____

_____

5. Otros cambios que se recomiendan:

_____

_____

_____

_____

_____

La autorrevisión con una lista de control

Aunque suele ser más difícil elaborar un plan de revisión para el trabajo de uno mismo que elaborar uno para el escrito de otra persona, los pasos que hay que seguir son los mismos. La práctica con grupos de consulta lo/la ayudará a Ud. a desarrollar las capacidades analíticas y críticas necesarias.

Otra estrategia para ayudarlo/la a Ud. a leer su propio texto objetiva-mente consiste en considerar una serie de preguntas preparadas para evaluar diferentes tipos de textos. El escritor autorrevisa los elementos y características de su texto respondiendo a las preguntas de la lista de control.

❖ **Actividad.** Si Ud. no ha completado todavía una lista de control para la tarea de este capítulo, complétela ahora. Puede usar las preguntas de la lista de control para la descripción de la *Segunda etapa* del *Capítulo 1* del libro de texto, o recopilar su propia lista, con preguntas diferentes, según los elementos que le parezcan más importantes.

LISTA DE CONTROL DE _____ PARA LA DESCRIPCIÓN
[*SU NOMBRE*]

☐

☐

☐

☐

☐

☐

☐

☐

☐

☐

☐

Tercera etapa: La revisión de la forma y la preparación de la versión final

REPASO DE ASPECTOS BÁSICOS

Esta sección del **Cuaderno de práctica,** *Repaso de aspectos básicos, no tiene ninguna sección correspondiente en el libro de texto.*

La estructura de la oración

Hay tres clases de oración: la oración simple, la oración coordinada y la oración compuesta subordinada. La clasificación de una oración en uno u otro de estos tres grupos depende del carácter y del número de cláusulas que contiene.

CLASE DE ORACIÓN	EJEMPLOS	CARÁCTER Y NÚMERO DE CLÁUSULAS
Oración simple	Juan estudia de día en la universidad.	una cláusula independiente
	Mi abuela se puso las gafas antes de examinar la carta.	una cláusula independiente
Oración coordinada	Juan estudia de día en la universidad y su hermano estudia de noche.	dos cláusulas independientes unidas por una conjunción coordinada (y)
	Mi abuela escudriñó la carta, pero las palabras no fueron escritas en español y ella no pudo entender nada.	tres cláusulas independientes unidas por una conjunción coordinada (pero) y luego por otra (y)
Oración compuesta subordinada	Aunque Juan estudia de día en la universidad, trabaja de noche.	una cláusula independiente más una cláusula subordinada, unidas por una conjunción subordinada (aunque)
	Ya que las palabras de la carta no fueron escritas en español, mi abuela no pudo entender nada.	una cláusula independiente más una cláusula subordinada, unidas por una conjunción subordinada (ya que)

Una cláusula independiente es un grupo de palabras que contiene un sujeto más un predicado; siempre expresa una idea completa. Una cláusula subordinada siempre empieza con una conjunción subordinada (que, puesto que, aunque, donde, cuando, etcétera) y expresa una idea que depende de otra cláusula para ser completa.

La oración simple

La oración simple consiste en una sola cláusula independiente (un sujeto más un predicado). En la mayoría de los casos, un sustantivo funciona como el sujeto y un solo verbo conjugado funciona como el predicado. Pero hay otras posibilidades:

Sujeto compuesto	**Juan y su hermano** estudian en la universidad.
	Juan o su hermano representarán a nuestro grupo.
Predicado compuesto	Juan **estudia en la universidad y juega baloncesto también.**
	Juan **camina a la universidad** o **llega en bicicleta.**

Ya sea simple o compuesto el sujeto, ya sea simple o compuesto el predicado, la estructura básica de una oración simple no cambia: se trata de una sola cláusula independiente.

La oración coordinada

La oración coordinada consiste en dos o más cláusulas independientes, unidas por medio de una de las tres conjunciones coordinadas: y, o, pero.

La oración coordinada	Juan estudia de día en la universidad y su hermano estudia de noche.
	El programa se acabó a las 8:30, pero el público continuó aplaudiendo durante 20 minutos más.
	Los empleados tienen que estar presentes 10 horas al día o los gerentes se quejan.

En realidad, la oración coordinada no es sino dos oraciones simples unidas por medio de una conjunción coordinada. Cuando se desconectan las cláusulas de una oración coordinada, quedan dos oraciones simples:

Laura y Carlos se graduaron el año pasado, pero ninguno ha conseguido empleo todavía

Laura y Carlos se graduaron el año pasado. Ninguno ha conseguido empleo todavía.

El cachorro gimió y ladró, y su dueño le dio algo de comer.

El cachorro gimió y ladró. Su dueño le dio algo de comer.

La oración compuesta subordinada

La oración compuesta subordinada consiste en una cláusula independiente y una o más cláusulas subordinadas. La cláusula independiente es lo mismo que una oración simple: un sujeto más un predicado. La cláusula subordinada también tiene un sujeto y un predicado y siempre empieza con una de las conjunciones subordinadas: que, cuando, porque, donde, si, mientras, etcétera.

La oración compuesta subordinada	Mientras los niños dormían, sus padres envolvieron los juguetes que habían comprado.
	Si no entienden el ejemplo, levanten la mano.
	A pesar de que los detectives interrogaron a todos los vecinos y los criminalistas escudriñaron las huellas con cuidado, nunca pudieron resolver el crimen.

Cuando se desconectan las cláusulas de una oración compuesta subordinada, siempre quedan segmentos que no pueden expresarse solos; estos segmentos se indican con un asterisco (*):

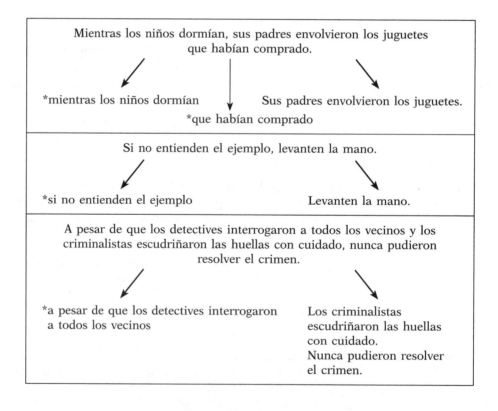

Como no pueden expresarse solas, las cláusulas indicadas con asteriscos también se consideran «fragmentos».

Actividad A. Lea las siguientes oraciones. Indique si son oraciones simples (Si), oraciones coordinadas (C) u oraciones compuestas subordinadas (Su).

1. _____ El dueño vendió la casa y el arquitecto se quedó muy contento.

2. _____ El dueño vendió la casa antes de que la tormenta destruyera el techo.

3. _____ El dueño vendió la casa, pero el cliente no sabía que el techo había sido estropeado durante la tormenta.

4. _____ Ya que la tormenta había estropeado el techo, el dueño no pudo vender la casa.

5. _____ El dueño y el cliente examinaron la casa y llegaron a un acuerdo mutuo.

6. _____ El cliente no quiso pagar el desembolso inicial sin que un experto hiciera una examinación del techo, porque no confiaba en el dueño.

7. _____ El dueño vendió la casa, aunque el precio era mucho menor de lo que esperaba.

8. _____ La lluvia y el viento causaron mucho daño por toda la comunidad.

Actividad B. Lea las siguientes oraciones. Indique si son oraciones coordinadas (C) u oraciones compuestas subordinadas (S). Para las oraciones compuestas subordinadas, subraye la cláusula independiente.

1. _____ Hazme la comida y no te regañaré.

2. _____ El médico prefiere que el señor no beba tanto.

3. _____ No creían que todavía estuvieras allí.

4. _____ Siempre nos preparan una comida estupenda o nos invitan a comer en un restaurante elegante.

5. _____ Los músicos prefieren tocar música latina tradicional, pero siempre les piden rock.

6. _____ Ya que recibieron un aumento de sueldo, decidieron no continuar con la huelga.

7. _____ Las reuniones semanales son obligatorias y tienen lugar cada jueves a las dos y media.

8. _____ Las reuniones semanales, que tienen lugar cada jueves a las dos y media, son obligatorias.

Actividad C.   Lea y estudie las siguientes oraciones. Separe (Desconecte) las cláusulas de cada oración para formar oraciones simples. ¡OJO! En algunos casos es posible que tenga que eliminar o añadir palabras.

MODELOS: Laura y Carlos, quienes todavía no han conseguido empleo, se graduaron el año pasado. →
Laura y Carlos se graduaron el año pasado. Laura y Carlos todavía no han conseguido empleo.

Mi tía abuela siempre nos regala libros en los cuales encontramos maravillas. →
Mi tía abuela siempre nos regala libros. En ellos encontramos maravillas.

1. El año pasado fuimos a Oaxaca y estudiamos en una escuela de arte allí.

2. Mis padres quieren comprarme una nueva computadora, pero todavía no sé cuál prefiero.

3. Durante el otoño vemos miles de gansos y grullas que vienen desde su hábitat en Canadá hasta Nuevo México, donde pasarán el invierno en un refugio que se llama Bosque del Apache.

4. Ese señor sentado al lado del director del teatro es un actor de muchos talentos que ha salido en varias películas, entre las cuales hay por lo menos una comedia romántica, en que hizo el papel del galán, y un drama policíaco, en el cual fue un asesino.

5. A Adriana le encantan los deportes, especialmente los que se juegan durante el invierno, como el baloncesto; es aficionada a los equipos universitarios ya que tiene muchos amigos que participan en ellos.

6. Cuando empiece a trabajar y ganar dinero, quiero comprarme una casita donde pueda hacer lo que quiera y entretener a mis amigos sin que nadie se preocupe de qué dirán los vecinos.

7. Hace cuatro o cinco años, cuando un maestro me hablaba o me hacía preguntas, yo me ponía muy nerviosa; ya no es así, pues ahora tengo más confianza y puedo participar en discusiones y responder a preguntas sin desmayarme ni balbucear.

REPASO DE ASPECTOS GRAMATICALES

Si Ud. quiere repasar las reglas para el uso de **ser** *o* **estar,** *consulte la* **Tercera etapa** *del* **Capítulo 1** *del libro de texto.*

Ser y *estar:* **Usos de mayor frecuencia**

En ciertos casos, el uso de **ser** o **estar** depende únicamente de la estructura gramatical de la oración. En otros casos, es necesario analizar el significado de la oración para elegir correctamente entre los dos verbos.

Usos en que el juicio se basa en la estructura gramatical

Actividad A. Lea con cuidado los siguientes pasajes. Determine si en las oraciones indicadas el predicado es un (1) sustantivo (S), (2) adverbio de tiempo (A) o (3) gerundio (G). Luego complete las oraciones con el presente de indicativo de los verbos **ser** o **estar,** según lo pida la estructura gramatical.

1. Alicia _____ª una niña prodigio. _____ᵇ violinista. En este momento, Alicia se _____ᶜ preparando para un concierto. _____ᵈ practicando con poco entusiasmo. Generalmente los conciertos _____ᵉ en el verano, cuando Alicia preferiría jugar con sus amigas.

2. _____ª lunes. _____ᵇ de noche. La oscuridad ha descendido sobre el valle. En este momento, los perros _____ᶜ ladrando, los niños duermen y sus padres se preparan para el día siguiente. Pedro _____ᵈ policía. Su trabajo _____ᵉ una contribución importante a la tranquilidad de todos. Hoy, como todas las noches, trabajará hasta que salga el sol.

Actividad B. Exprese las siguientes oraciones en español. Indique por qué ha usado Ud. **ser** o **estar.**

1. When is the band concert? _____

   _____

2. They were singing when the lights went out. _____

   _____

3. My cousin wants to be a lawyer when she grows up. _____

   _____

4. The children are watching a new program on TV. _____

   _____

5. Don Juan is the name of a famous character in Spanish literature.

   _____

   _____

6. The Aguilars are acrobats with a new circus. _____

   _____

Usos en que el juicio se basa en el significado de la oración

Actividad A. Examine los siguientes pasajes y explique por qué se ha usado **ser** o **estar** cuando estos verbos se encuentren en *letra cursiva*.

1. Margarita *es*^a profesora de música. Hoy *está*^b cansada porque ha trabajado mucho. Ayer tuvo una clase muy difícil. Su clase *fue*^c en la universidad.

   a. _____

   b. _____

   c. _____

2. La biblioteca *está*^a cerca del parque. *Es*^b un edificio grande de arquitectura colonial. *Está*^c abandonada porque *está*^d en una zona de la ciudad en que se construirá la nueva carretera.

   a. _____

   b. _____

   c. _____

   d. _____

3. El auto de Jorge *es*^a azul. *Es*^b un sedán de marca japonesa. Esta semana el auto *está*^c descompuesto y Jorge ha tenido que utilizar el autobús para ir y volver de la universidad. Sus clases *son*^d en el edificio de ingeniería.

   a. _____

   b. _____

   c. _____

   d. _____

Actividad B. Examine los siguientes pasajes, analizando con cuidado el predicado de cada uno. Luego complételos con el presente de indicativo de **ser** o **estar,** según lo pida su análisis.

1. La casa de mis tíos _____^a en el estado de Misisipí. _____^b pintada de blanco; la construcción _____^c de ladrillo rojo.

2. Carlos _____^a con su mamá. _____^b un chico muy alegre, pero hoy _____^c llorando porque no quiere ir a la escuela.

3. La sala de la casa _____^a a la derecha de la entrada. La alfombra _____^b verde, las cortinas _____^c de un verde más oscuro y los muebles tapizados también _____^d verdes.

4. El edificio _____^a hecho de piedra. _____^b uno de los monumentos históricos más importantes de la región.

Usos de ser *y* estar *con adjetivos*

Muchos adjetivos suelen usarse con uno u otro verbo: de por sí indican
una clasificación o un estado. Sin embargo, hay varios adjetivos que
pueden usarse con ambos verbos. En estos casos el significado del mensaje cambia según el verbo que se use.

Actividad A. Explique la diferencia de significado que hay entre los
siguientes pares de oraciones.

    1. a. El flan es rico. _____

      b. El flan está rico. _____

    2. a. ¡Qué guapa es! _____

      b. ¡Qué guapa está! _____

    3. a. El examen fue largo. _____

      b. El examen estuvo largo. _____

    4. a. El profesor es muy aburrido. _____

      b. El profesor está muy aburrido. _____

    5. a. Esta falda es grande. _____

      b. Esta falda está grande. _____

Actividad B. Analice el siguiente diálogo, examinando con cuidado las
características del predicado en cada oración. Luego complete las oraciones con el presente de indicativo de **ser** o **estar,** según lo pida su análisis. ¡OJO! Si una oración puede completarse con ambos verbos, explique el cambio que ocurre en el significado al escoger uno u otro verbo.

—María, ¿qué _____[1] comiendo?

—_____[2] una ensalada de lechuga. Dicen que la lechuga

_____[3] buena si uno _____[4] contando las calorías.

—Pero, ¿_____[5] tú a dieta? ¡No lo creo! ¡Tú no _____[6]

gorda!

—Acabo de comprarme un nuevo vestido para una fiesta. (El ves-

tido) _____[7] muy elegante, pero me queda un poco estre-

cho. Esto _____[8] una buena motivación para perder unos

kilos.

—¿Cuándo _____[9] la fiesta?

—El sábado, dentro de dos semanas. ¡Quiero _____[10] muy

esbelta para entonces!

—Cuidado, o vas a _____[11] muerta también. La ensalada no

_____[12] suficiente para darte las vitaminas que necesita tu

cuerpo.

—Tú y tus vitaminas: _____[13] (tú) una fanática. Yo nunca me preocupo por esas cosas. ¿y, _____[14] (yo) enferma? ¡No!

—No, pero sí _____[15] algo irritable. Pero, bueno, muéstrame tu nuevo vestido. ¿Dónde lo compraste?

—En esa boutique que _____[16] en la esquina de Washington y Bolívar. Su selección _____[17] muy grande y los precios en general _____[18] razonables.

—Tienes razón; tu vestido _____[19] hermoso. ¿De qué material _____[20]?

—De seda. _____[21] un vestido para una princesa, ¿no crees?

—Bueno, a lo mejor _____[22] (tú) exagerando un poco, pero (yo) _____[23] segura de que vas a _____[24] la reina de la fiesta si llevas ese vestido. Bueno, ya _____[25] tarde y debo _____[26] en casa. Nos vemos.

Actividad C. El siguiente texto describe a los personajes principales de la historieta argentina, Mafalda. Léalo con cuidado y escoja el verbo correcto según cada contexto.

Si Ud. piensa en las tiras cómicas que más se asocian con la cultura de los Estados Unidos, ¿qué historietas le vienen a la mente? ¿Peanuts? ¿Batman? ¿Superman? ¿Dagwood? ¿Los Simpson? ¿Doonesbury? Hay muchas posibilidades. Si se les hace esta misma pregunta a los argentinos con relación a su país, la respuesta es única y viene rápido: Mafalda. Esta historieta _____[1] (fue / estuvo) creada por el dibujante argentino Joaquín Salvador Lavado ("Quino") en 1964. Los personajes —Mafalda y su hermano pequeño Guille, sus padres, y sus amigos Felipe, Manolito, Susanita, Miguelito y Libertad— representan las preocupaciones sociales y políticas de los años 60. Quino dejó de publicar la historieta en 1973, pero hoy, más de 30 años después, esta historieta —que no incluye computadoras ni Internet ni instant messaging ni teléfonos móviles ni drogas (excepto el alcohol)— sigue siendo enormemente popular y relevante por toda Latinoamérica, España, Europa y otras partes del mundo.

En el libro de texto hay una tira cómica de Mafalda, en la página 52.

La protagonista principal de la historieta _____² (es / está) Mafalda. Hija de una familia típica de la clase media, Mafalda _____³ (es / está) preguntona, impertinente e inconformista; _____⁴ (es / está) preocupada por la paz mundial y la salud del planeta. Odia la injusticia, el racismo y la guerra; cree que muchas de las convenciones de los adultos _____⁵ (son / están) absurdas; detesta la sopa. Le gustan los Beatles, la democracia y los derechos humanos.

Felipe _____⁶ (es / está) un niño tímido soñador que siempre _____⁷ (es / está) buscando excusas para no ir a la escuela. Es muy imaginativo y le apasionan las historietas de aventuras (las del Llanero Solitario, en particular).

Manolito _____⁸ (es / está) hijo del propietario de un almacén del barrio; representa las ideas capitalistas y conservadoras. _____⁹ (Es / está) ambicioso y materialista. Manolito _____¹⁰ (es / está) también gran admirador de los Rockefeller; odia a los hippies, a los Beatles y a Susanita. A pesar de ser un poco basto y bruto, tiene un buen corazón.

Susanita _____¹¹ (es / está) una niña chismosa y superparlanchina, _____¹² (es / está) egoísta, prejuiciosa y peleadora. La gran aspiración de su vida _____¹³ (es / está) casarse con un hombre de buena posición económica y tener muchos, muchos hijos. _____¹⁴ (Es / Está) locamente enamorada de Felipe; no aguanta a Manolito.

Miguelito se cree el centro del mundo; _____¹⁵ (es / está) narcisista, pero inocente a la vez; reflexiona mucho sobre asuntos sin importancia. Le molesta tener la edad que tiene y que la gente no le haga caso.

La más pequeña de la pandilla, Libertad, _____¹⁶ (es / está) lista e incisiva; ella y sus padres _____¹⁷ (son / están) convencidos del valor del socialismo. Ella no permite comentarios acerca de su propio tamaño.

Y después de tantos años, ¿cómo se explica que tanta gente siga leyendo Mafalda? Cuando una periodista le hizo esta pregunta a Quino, este contestó así: «Supongo que _____[18] (es / está) porque parte de su mensaje no ha perdido vigencia (...) El mundo que existía en 1973 (...) _____[19] (es / está) igual, si no peor que entonces. Si bien me halaga que se siga leyendo, también _____[20] (es / está) triste pensar que la injusticia social que ella denunciaba sigue existiendo.»

Actividad D. Exprese las siguientes oraciones en español.

1. Those gentlemen want to be here for the parade. _____
   _____

2. The roads that come into the city are always very crowded. _____
   _____
   _____

3. Please try to be ready early. We want to be at the arena before seven P.M. _____
   _____

4. That drink is not good for young children. _____
   _____

5. How's your father? I know that he's been ill. _____
   _____

6. What's the new biology professor like? My friends say that she's very interesting. _____
   _____

7. The food in this restaurant tastes very good, and the prices are reasonable. _____
   _____

8. He told me that his wife is nervous and sickly. _____
   _____

9. The dinner will be in the new hotel near the convention center. _____
   _____
   _____

10. Many foreign films are excellent, but the one I saw last night was really boring. _____
    _____

CORRECCIÓN DE PRUEBAS: FORMAS

Actividad. Revise y corrija el siguiente pasaje, prestando atención especial a los usos de **ser** y **estar.** Note bien el contexto en que aparece cada verbo y decida si se tiene que hacer un cambio o no.

Este año la competencia final de baloncesto va a *estar*[a] en nuestra ciudad. *Estarán*[b] aquí los cuatro mejores equipos universitarios. Todavía no se sabe cuáles *serán*[c] los finalistas, pero sí se sabe que los jugadores *estarán*[d] buenos, altos y fuertes. Todos *serán*[e] listos para la competencia.

La ciudad, especialmente los hoteles, los restaurantes y los taxistas, se *es*[f] preparando porque vendrán muchos turistas. La universidad también ha *estado*[g] preparando la arena donde *estarán*[h] los juegos. Si todo va bien cuando *sean*[i] aquí los equipos y sus miles de aficionados, la ciudad *será*[j] mucho más animada. Muy pocos de los que vivimos aquí tendremos la oportunidad de comprar boletos para asistir a los juegos, pero *seremos*[k] frente al televisor todo el fin de semana.

a. _____
b. _____
c. _____
d. _____
e. _____
f. _____
g. _____
h. _____
i. _____
j. _____
k. _____

REPASO DE VOCABULARIO ÚTIL: LA REALIDAD ESPACIAL; LA DESCRIPCIÓN DE PERSONAS

Al describir un lugar a veces se enfoca la realidad espacial. En ese caso pueden ser útiles las siguientes palabras y expresiones.

VOCABULARIO RELACIONADO CON EL CARÁCTER Y LA PERSONALIDAD		
amigable	educado/a	recto/a
anticuado/a	familiar	reservado/a
brusco/a	maleducado/a	seguro/a de sí mismo/a
callado/a	parlanchín/parlanchina	serio/a
caprichoso/a	práctico/a	tener mucha gracia
cariñoso/a	presumido/a	tímido/a
coquetón/coqueta (coquetona)	realista	vanidoso/a
cortés		

VOCABULARIO RELACIONADO CON LA REALIDAD ESPACIAL: LUGARES	
a un lado de, al lado de	en medio de, entre
a la derecha de, a mano derecha de / a la izquierda de, a mano izquierda de	encima de / debajo de
	enfrente de / atrás de, detrás de
al entrar / al salir	estar situado/a, ubicado/a, rodeado/a de
al fondo, hacia atrás / hacia enfrente, de frente	quedar
dar a	tener vista a

Las siguientes palabras y expresiones pueden ser útiles en la descripción de una persona.

VOCABULARIO RELACIONADO CON LA DESCRIPCIÓN DE PERSONAS: ASPECTOS FÍSICOS	
tener:	la frente ancha, despejada
	la cara redonda, larga, ancha
	buen, mal cutis
	la nariz aguileña, de gancho, respingada, correcta, chata, bien perfilada
	los ojos almendrados, rasgados, risueños, de mirada triste, azules, verdes, claros, negros
	la boca pequeña, de labios bien definidos, de labios carnosos
	el cabello/pelo largo, ondulado, rizado, oxigenado, teñido, crespo, castaño, negro, rubio
ser de:	piel/tez morena, blanca, color canela, tersa, áspera
	estatura regular, buena estatura
	cuerpo esbelto, delgado
ser:	alto/a, bajo/a, gordo/a, grueso/a, corpulento/a
usar:	lentes, gafas, espejuelos, anteojos
	bigote, barba
	(+ prendas de ropa) sombrero, pantalones vaqueros
llevar:	(+ prendas de ropa) impermeable, abrigo
vestirse de:	(+ colores) gris, rojo, azul
	estilo conservador, moderno

Actividad A. Complete las siguientes oraciones con la palabra o frase que más convenga del vocabulario relacionado con la realidad espacial.

Cerca de mi casa hay un gran parque donde me gusta pasear los fines de semana. En un sábado típico se puede observar una escena como la que se ve en la página anterior. _____[1] al parque se pasa bajo un arco que casi siempre está cubierto de flores. _____[2] del arco hay rosales de diferentes variedades y durante las noches de verano los colores —y los aromas— son realmente extraordinarios. Después de pasar bajo el arco, el sendero se bifurca. Hacia _____[3] se encuentran unos columpios y espacios abiertos. En este dibujo se ve a varios jóvenes jugando al béisbol _____[4]. Hacia _____[5] hay árboles y fuentes. _____[6] un árbol un artista trata de captar la escena que está _____[7] él.

_____[8] hay un pequeño lago, lugar favorito de niños y novios. _____[9] el lago una fuentecita recoge las monedas que tiran los soñadores y sirve para mantener limpia y fresca el agua. _____[10] el lago hacen sus nidos _____[11] las ramas de un enorme árbol, petirrojos, azulejos y cardenales. _____[12] una joven juega alegremente con su perro, que acaba de brincar _____[13] ella. Se puede entrar al parque sintiéndose triste y solo, pero _____ _____[14] uno siempre se siente contento y tranquilo.

Actividad B. Imagínese que Ud. tiene una cita con una persona que no conoce. El día antes de la cita, Uds. hablan por teléfono y el/la joven le pregunta cómo es Ud. Descríbase a sí mismo/a, completando el siguiente párrafo y usando las palabras que convengan del vocabulario relacionado con la descripción de personas.

Soy una persona _____[1]. Tengo los ojos _____[2], la nariz _____[3] y el pelo _____[4] y _____[5]. También tengo la cara bastante _____[6]. Soy de estatura _____[7] y mi piel es _____[8]. Generalmente uso _____[9]. Me gusta llevar ropa muy informal como _____[10] y _____[11], pero mañana, para que me conozcas más fácilmente, me vestiré de _____¹² y

_____¹³, y llevaré un clavel rojo en _____¹⁴.

Espero que nos encontremos sin dificultad.

❖ **Actividad C.** Hace muchos años un amigo de su niñez se mudó con su familia a un lugar lejos de donde Ud. se ha criado. Después de tanto tiempo sin comunicarse, Ud. acaba de recibir una carta de su amigo en la que él le menciona lo que recuerda de Ud. Usando el vocabulario relacionado con el carácter y la personalidad, complete la siguiente carta de respuesta.

¡Hola, _____!

¡Qué sorpresa me dio recibir tu carta! Me emocionó mucho saber

que todavía te acuerdas de mí. Es verdad que antes yo era

_____¹ y _____². Mi familia y mis amigos creen

que soy _____³ también.

Cuando pienso en ti, recuerdo que eras muy _____⁴.

Todos decían que eras _____⁵ también. ¿Todavía lo eres?

Me acuerdo en particular del día en que mi familia te conoció.

Creían que eras tan _____⁶.

Espero que me escribas para que podamos conocernos bien otra

vez. Hasta pronto,

_____

[*su firma*]

CORRECCIÓN DE PRUEBAS: EL LENGUAJE Y LA EXPRESIÓN

❖ **Actividad.** Revise y corrija el siguiente pasaje, prestando atención especial a los usos de **ser** y **estar,** y adjetivos variados y expresivos. Subraye lo que se debe cambiar y utilice el espacio a la derecha para escribir las correcciones. Se han corregido los primeros errores.

Texto: Roncesvalles y el Camino de Santiago

Cambios sugeridos

En Europa se pueden seguir las rutas de tres grandes peregrinaciones: una <u>es</u> en Francia, otra en Italia y la tercera en España. La ruta que termina en España es el Camino de Santiago. Esta peregrinación <u>lo</u> pueden empezar en varios lugares en Europa. Las rutas llegan hasta los Pirineos y <u>las</u> cruzan cerca de Somport (el Camino Aragonés) y Roncesvalles (el Camino Real Francés). Esta última es la entrada más conocida, por <u>estar</u> el lugar donde antes había un hospital para los peregrinos, y parece ser la preferida.

Roncesvalles es una aldea pequeña, en la ladera de las montañas, a 8 kms. de la frontera con Francia. Hay unas pocas casas y una posada pequeña. Dominan la aldea un monasterio y una iglesia grande. Los canónigos mantienen un refugio para los peregrinos. Los peregrinos pueden pasar la noche ahí. Es un lugar alto, oscuro, pesado. Hay que subir hasta el más alto del monasterio para llegar al refugio. Allí son los cuartos con literas para unas 50 personas. Antes de subir hay que sacar los documentos que se necesitan para seguir el Camino y poder quedarse en los refugios. También, está tradicional asistir a la misa que hay todas las tardes. Esta misa la dicen los sacerdotes para todos los peregrinos que van a salir el próximo día. Al final de la misa, los peregrinos reciben (en 5 ó 6 idiomas) la despedida y la bendición de los canónigos y de la Virgen del Camino. Todos reciben la bendición, no sólo los católicos.

es → está

lo → la

las → los

estar → ser

Capítulo **2**

La narración

Primera etapa: Antes de redactar

TÉCNICAS Y ESTRATEGIAS

El uso del diálogo en la narración

La narración presenta una secuencia de acontecimientos. A veces, estos acontecimientos se enfocan sólo en las acciones y en alguna descripción de los actores y el contexto o el ambiente en que la acción tiene lugar; con más frecuencia, la presentación de la acción incluye también algún diálogo.

El diálogo puede estar constituido de intercambios entre los protagonistas de la acción, como puede verse, por ejemplo, en el texto «El viaje» (página 50 del libro de texto), y en el texto «En ruta hacia Chachapoyas» (página 55 del libro de texto). Otras veces, el diálogo no representa intercambios, sino los pensamientos o comentarios del narrador sobre la acción de algún episodio en el que participó o que presenció. Por ejemplo, imagínese cómo una de las señoras que ayudaba a su esposo a probarse un par de pantalones le contaría a una amiga el episodio del derrumbamiento público de la pared del vestidor (página 46 del libro de texto). En este caso es muy probable que su relato incluya no sólo las acciones, sino también algún comentario personal: lo que ella le dijo (o quisiera haberle dicho) antes y después del accidente, lo que dijo su esposo, lo que dijeron los otros clientes del almacén, etcétera.

El diálogo —ya sea el intercambio entre los protagonistas o el comentario personal de alguien que presencia la acción— hace que la narración sea más viva, realista y memorable.

❖ **Actividad.** Vuelva a examinar las siguientes narraciones del libro de texto para averiguar el efecto que podría aportar el diálogo. Modifique el relato para incluir algunos elementos de diálogo. Si quiere, puede compartir su versión con los otros compañeros de clase. En cada caso, ¿qué efecto tiene el diálogo?

1. El viaje a Macchu Pichu (página 5 del libro de texto)

2. La historia del Ratón Pérez (versión A o versión B, página 40 del libro de texto)

3. El derrumbamiento de la pared del vestidor en el almacén (página 46 del libro de texto)

4. «Un accidente» (página 60 del libro de texto)

ASPECTOS ESTILÍSTICOS

I. Cómo distinguir entre el trasfondo y la acción en la narración

Al escribir una narración en español, es necesario distinguir entre lo que forma el trasfondo de la narración (la situación en que se lleva a cabo la acción) y la acción misma. Como se sabe, el trasfondo o la situación se expresa utilizando el tiempo imperfecto de indicativo, el imperfecto progresivo o el pluscuamperfecto (si se trata de una situación previa). La acción misma (lo que verdaderamente sucede en la narración) se expresa mayormente en el pretérito. Los siguientes ejercicios se concentran en enfocar la diferencia entre el trasfondo o la situación y la acción misma.

Actividad A. Examine la siguiente narración escrita en inglés. Luego coloque cada uno de los verbos en *letra cursiva* en el lugar que le corresponde dentro de la siguiente tabla.

> Mary *was standing* on a chair. She *was trying to fix* the same window shade that Tom *had broken* the previous Sunday. She *looked* tired. In the distance *she could hear* the children *playing* noisily and the sound of an old car *approaching* the ranch house. The car *stopped* in front of the gate. A tall, lanky man *got out* slowly. He *looked around* carefully. He *seemed* nervous and ill at ease. Finally, he *walked* toward the front door.

SITUACIÓN PREVIA (¿Qué había ocurrido anteriormente?)	TRASFONDO (¿Qué estaba ocurriendo? ¿Cómo se portaban y se sentían los personajes? ¿Cómo eran [apariencia]?)	ACCIÓN (¿Qué hicieron los personajes? ¿Qué pasó?)
had broken	was standing	

❖ **Actividad B.** En la siguiente tabla se han incluido las acciones de los personajes de una narración. Complete la narración, inventando y escribiendo cinco detalles que describan la situación previa y cinco que describan el trasfondo. Recuerde que para describir el trasfondo se utilizan el imperfecto o el imperfecto progresivo, según convenga.

SITUACIÓN PREVIA	TRASFONDO	ACCIÓN
		El hijo llegó.
		Saludó a su madre.
		Se sentó.
		Le pidió dinero.
		La madre no se lo dio.
		El hijo se puso furioso.

II. Vocabulario vivo

Escribir una historia no es lo mismo que contarla oralmente. Hay que buscar la manera de expresar en lengua escrita lo que en lengua hablada se indica mediante el tono de voz, el énfasis, las pausas y los gestos. Parte de la solución radica en que el escritor escoja las palabras que expresen con precisión tanto sus ideas como su actitud. Recuerde que, en general, al escritor no sólo le interesa que el lector comprenda bien sus ideas; también quiere que reaccione a esas ideas de una manera específica. El poder usar un vocabulario vivo representa un recurso importante para provocar y obtener del lector la reacción deseada.

Por vocabulario «vivo» no necesariamente se quiere decir vocabulario «elegante». Un vocabulario sencillo y directo puede ser muy efectivo siempre y cuando esté de acuerdo con el contexto general del escrito, el lector pensado y el propósito tanto del escritor como del lector. Lo que sí se debe evitar es

1. el uso frecuente de los llamados «verbos fáciles»: **dar, decir, estar, haber, ser, tener**

2. la prolijidad: es decir, el uso de palabras innecesarias y especialmente el uso de frases verbales en vez de un solo verbo:

   hay una abundancia de flores → abundan las flores

3. la repetición de los mismos vocablos a lo largo de todo el escrito

Actividad. Examine las siguientes oraciones y busque otra manera de expresar las palabras y frases en *letra cursiva*.

1. La educación les *da*[a] a los jóvenes la oportunidad de *hacer mejor*[b] su vida.

    1. a. _____
        b. _____

2. Los estudiantes que *tienen*[a] problemas —*dijo*[b] la decana— pueden *ir a buscar ayuda*[c] a la oficina del doctor Valdebenito.

    2. a. _____
        b. _____
        c. _____

3. *Hay muchas*[a] ideas; *hay pocos*[b] recursos.

    3. a. _____
        b. _____

4. Muchas *personas que viven*[a] en el desierto *no quieren*[b] vivir en otro lugar.

    4. a. _____
        b. _____

5. Cuando *una persona*[a] aprende a escribir *bien,*[b] *puede*[c] expresar *sus ideas*[d] mejor.

    5. a. _____
        b. _____
        c. _____
        d. _____

INTERACCIONES LECTOR/ESCRITOR

Saber qué incluir y qué dejar fuera

En una narración, al igual que en una descripción, es esencial seleccionar aquellos detalles que ayuden a crear el efecto deseado. Uno de los factores que afectan esta selección es el propósito del escritor: ¿Quiere informar principalmente? ¿Quiere entretener? Otro factor es el lector: ¿Quién es este? ¿Cuál es su propósito al leer la narración? ¿Es información lo que busca? ¿Qué preguntas podrá hacerse? ¿Quiere también ser entretenido? ¿Qué tipo de detalles lo pueden divertir?

❖ **Actividad.** La narración que sigue está presentada dos veces. La primera versión está destinada a un lector que busca informarse sobre las consecuencias de una secuencia de eventos. El autor presume que el lector tiene un interés más clínico que personal. En la segunda, el escritor se dirige a un público general que va a leer la narración más por interés que por necesidad. Utiliza un lenguaje más expresivo e incluye detalles personales.

1. Lea la primera versión de la narración a continuación. Después escriba preguntas que Ud. piensa que pueden haber guiado al escritor de esta primera versión.

Texto: El encuentro con una mofeta

Primera versión:

La semana pasada nuestro perro tuvo un encuentro con una mofeta. Al confundirla de noche con un gato, le dio caza y esta lo cubrió de cerca con su rociada. Lo hemos lavado repetidas veces —con jabón, con leche, con jugo de tomate y con todos los remedios aconsejados— pero no hemos logrado quitarle el olor. Ya que es invierno, no podemos atar al perro fuera y ahora toda la casa tiene un olor insoportable.

a. _____

b. _____

c. _____

d. _____

e. _____

2. Ahora, lea la segunda versión de la narración a continuación. Después, escriba preguntas que Ud. piensa que pueden haber guiado al escritor de la segunda versión.

Segunda versión:

La semana pasada nuestro perro Júpiter tuvo —no, mejor dicho, todos nosotros tuvimos— un encuentro con una mofeta. Como de costumbre, mi esposo David y yo habíamos sacado a pasear a Júpiter antes de acostarnos. Era una noche de invierno clara y fría, una noche romántica. Caminábamos cogidos de la mano cuando de repente Júpiter paró y miró fijamente los cubos para la basura. Había percibido un movimiento extraño. En la oscuridad se vislumbró la forma de un animalillo que husmeaba los cubos. Júpiter se entusiasmó. ¡Un gato! Antes de que pudiéramos reaccionar, lo cazó para volver en seguida, gimoteando. Pensé que el gato le había hecho daño, pero al acercarme me di cuenta de que estaba cubierto de un líquido amarillo que emanaba un olor espantoso. Pasamos el resto de nuestra noche romántica bañando a Júpiter. Fue inútil. El perro, el baño, nosotros, nuestra ropa, los muebles, toda la casa olía a mofeta. Hoy, igual que hace una semana, nos envuelve ese olor. Y lo que es peor, cuando lo llevamos con nosotros de paseo, ¡se nos han acercado personas desconocidas en la calle dos veces para consolarnos y sugerirnos sus propios remedios!

a. _____

b. _____

c. _____

d. _____

e. _____

3. Ahora, escriba las diferencias que nota Ud. entre las dos versiones que ha leído.

a. _____

b. _____

c. _____

d. _____

e. _____

Segunda etapa: La redacción y la revisión de las versiones preliminares

PLAN DE REDACCIÓN: LA NARRACIÓN

❖ **Actividad.** Si Ud. no ha completado todavía un plan de redacción para la tarea de este capítulo, complételo a continuación, siguiendo los pasos de la *Segunda etapa* del *Capítulo 2* del libro de texto.

PLAN DE REDACCIÓN: LA NARRACIÓN

1. El tema: _____

2. La idea principal que quiero comunicarle a mi lector: _____
_____

3. Mi propósito como escritor: _____
_____

El lector y su propósito al leer: _____
_____

Cinco preguntas cuyas respuestas el lector busca en el escrito:

- _____
- _____
- _____
- _____
- _____

4. Los detalles: _____

Las tres partes de la historia: _____
_____
_____
_____

La perspectiva: _____

El tono: _____

El lenguaje vivo; los elementos dramáticos: _____
_____
_____

EN SU LIBRETA...

si Ud. no ha completado todavía el borrador para la tarea de este capítulo, complételo ahora.

CORRECCIÓN DE PRUEBAS: CONTENIDO Y ORGANIZACIÓN

❖ **Actividad.** Un estudiante de tercer año ha escrito un cuento sobre una aventura que tuvieron dos amigos. Él escribe para sus compañeros de clase (es decir, para un público que lee por interés).

Conteste la primera pregunta antes de leer el texto. Una vez leída y analizada cuidadosamente la narración, conteste las demás preguntas. Después complete el plan de revisión.

1. Ud. es el lector pensado. Identifique cuál es su propósito al leer la narración.

   Propósito: _____

   Apunte aquí cuatro o cinco preguntas relacionadas con su propósito cuyas respuestas buscará Ud. en la narración. Después, siga con el análisis.

   _____
   _____
   _____
   _____
   _____
   _____
   _____
   _____
   _____
   _____

Texto: Un fin de semana memorable   *Análisis*

Antonio y su mejor amigo Roberto decidieron ir de excursión por el monte, el cual quedaba a unas diez millas de su pueblo. Ya no les quedaba mucho del verano y querían aprovechar sus últimos días de libertad antes de volver a la escuela.

A los dos amigos les gustaban mucho las caminatas y el camping. Estaban muy entusiasmados al hablar de la excursión. Planearon una excursión de tres días: una mañana para llegar al monte, almorzar, dos o tres horas en el monte, acampar, todo un día para caminar y explorar el monte,

2. ¿Acierta el escritor en contestar sus preguntas? ¿Contesta todas?

   _____
   _____
   _____

3. ¿Puede Ud. identificar la presentación, la complicación y el desenlace? Señálelos en el texto.

   _____
   _____
   _____

acampar, bajar la montaña y almorzar, volver a casa. Sabían que había cosas peligrosas en el monte y que el peligro sería mayor durante la noche. Pero el peligro mismo les atraía y fortaleció su decisión. Hicieron una lista de todo lo que iban a necesitar y empacaron las mochilas, preparándose contra toda clase de peligros: tormentas, fuego, quemaduras, rasguños, fracturas, insectos y animales feroces, desde abejas hasta osos.

Los dos amigos durmieron en casa de Antonio la noche antes de comenzar su excursión. En realidad casi no durmieron nada porque estaban tan animados pensando en las aventuras que iban a pasar.

Por fin llegó la mañana. La madre de Antonio les dio un abrazo al despedirse de ellos.

—Tengan cuidado.

—No te preocupes, mamá. Estamos listos para todo —respondió Antonio. En secreto, ambos muchachos esperaban que algo (no *muy* peligroso, pero por lo menos un poco peligroso) les sucediera para así causar la envidia de sus compañeros.

La primera parte de su excursión pasó sin novedad. Bajo un sol bonito, cruzaron el prado entre el pueblo y el monte en menos de tres horas. Después de almorzar, subieron al monte. Pasaron muy bien esa noche y el día y la noche siguientes. El tiempo durante esos tres días fue excelente; exploraron muchas partes del monte que no conocían, nadaron en el río, se treparon a los árboles, durmieron bajo las estrellas. Al tercer día empacaron las mochilas de nuevo y empezaron el viaje de vuelta. Al poco tiempo, entraron en el jardín de la casa de Antonio. Salió su mamá a saludarlos con mil abrazos y otras mil preguntas.

—¿Qué tal les ha ido? ¿Lo pasaron bien? Pero... ¿qué es esto? ¿Por qué tienen esas caras tan serias? ¿Qué les ha pasado? —les preguntó ella. Estaba alarmada.

—Nada, mamá —dijo Antonio—. Nos ha pasado lo peor que le puede pasar a cualquiera: nada.

4. ¿Qué información o detalles se podrían eliminar?

_____

_____

_____

5. ¿En qué orden se presentan los detalles? ¿Es un orden lógico? ¿Se podrían ordenar en otra forma? Explique.

_____

_____

_____

6. Revise el vocabulario que se ha usado. ¿Se repiten las mismas palabras o expresiones a lo largo de todo el escrito? ¿Podría Ud. sugerir otras? Indique dónde las pondría.

_____

_____

_____

7. ¿Qué información incluida podría mejorarse (es decir, con el uso de adjetivos más variados o más expresivos)?

_____

_____

_____

ESTRATEGIAS PARA LA REVISIÓN

La revisión en colaboración: El plan de revisión

❖ **Actividad.** Haciendo el papel de lector-compañero/a para el individuo que escribió el texto «Un fin de semana memorable», complete el siguiente plan de revisión. ¿Qué sugerencias le puede ofrecer?

PLAN DE REVISIÓN: LA NARRACIÓN _____
[NOMBRE DEL TEXTO]

1. Comentarios positivos sobre el texto, ya sea en su totalidad o relacionados con alguna parte en particular (sea lo más específico que pueda):

2. La idea principal del texto y las tres partes principales de la historia:

3. Los lectores quieren saber lo siguiente con respecto a esta historia o este tema (marque la caja con este símbolo ✓ si el texto contesta la pregunta):

   ☐

   ☐

   ☐

   ☐

4. Comentarios constructivos sobre el texto:

   • detalles que necesitan agregarse, reorganizarse o cambiarse

   • cambios que podrían hacer más vivo y efectivo el lenguaje

5. Otros cambios que se recomiendan:

La autorrevisión con una lista de control

❖ **Actividad.** Si Ud. no ha completado todavía una lista de control para la tarea de este capítulo, ya sea la suya o la de un compañero / una compañera, complétela ahora. Puede usar las preguntas de la lista de control para la narracíon de la **Segunda etapa** del **Capítulo 2** del libro de texto, o recopilar su propia lista, con preguntas diferentes, según los elementos que le parezcan más importantes.

| LISTA DE CONTROL DE _____ PARA LA NARRACIÓN |
| [SU NOMBRE] |
| ☐ |
| ☐ |
| ☐ |
| ☐ |
| ☐ |
| ☐ |
| ☐ |
| ☐ |
| ☐ |
| ☐ |
| ☐ |
| ☐ |
| ☐ |

Tercera etapa: La revisión de la forma y la preparación de la versión final

REPASO DE ASPECTOS BÁSICOS

Las preposiciones *a* y *en*

1. Se usa **en** como equivalente de *at* cuando

   - se establece la localización de un objeto o una actividad en (dentro de) un lugar cerrado, como un edificio, un cuarto o una región geográfica

Siempre estoy **en** casa a las seis y media.	*I am always at home at six-thirty.*
Estudia **en** la universidad.	*She studies at the university.*

   - se indica participación activa o pasiva en una actividad

En la fiesta se sirvió sangría.	*Sangria was served at the party.*
Estuvimos **en** la fiesta hasta las siete y media.	*We were at the party until seven-thirty.*

2. En otros contextos, se expresa *at* con la preposición **a.** Estos usos indican

   - un punto con respecto a una barrera o un objeto

¿Quién está **a** la puerta?	*Who is at the door?*
Estábamos sentados **a** la mesa.	*We were seated at the table.*

   - un punto en el tiempo

¿**A** qué hora es la fiesta?	*(At) What time is the party?*
A las seis empieza la reunión.	*The meeting begins at six.*

   - precio, razón, velocidad

La ropa está **a** un precio reducido.	*Clothing is now at a reduced price.*
La peseta está **a** 150 el dólar.	*The peseta is now at 150 per dollar.*
El carro pasó por aquí **a** velocidad máxima.	*The car went by here at full speed.*

3. En ciertas expresiones, se usa **a** para expresar *in*

al alcance	*(with)in reach*
a consecuencia de	*in consequence of*
a tiempo	*in (on) time*

Actividad A. Lea las siguientes oraciones. Escoja el equivalente más apropiado (**a** o **en**) para expresar las palabras en *letra cursiva*.

1. _____ We have to leave *at* four.

2. _____ They were *at* the game *at* that time.

3. _____ We met *at* the train station.

4. _____ Did you know that they sold the eggs *at* $5.00 a dozen?

5. _____ Mortgage loans are now *at* 13 percent.

6. _____ Is your father *at* home?

7. _____ *At* times, I have trouble understanding you.

8. _____ If the elevator is now *at* the sixth floor, it will take a long time to get to us.

9. _____ What kind of food do they serve *at* that restaurant?

10. _____ The rabbi stood *at* the head of the table.

Actividad B. Subraye la preposición correcta, según el contexto, en las siguientes oraciones.

1. Llegó tarde (en / a) misa.

2. El café está (en / a) $4.00 la libra.

3. La comedia comenzó (en / a) tiempo.

4. Lo conoció (en / a) la fiesta.

5. Mis padres nunca se quedan (en / a) casa los fines de semana.

6. Mi primo toca (en / a) esa banda, allí está, (en / a) la derecha.

7. La población mundial está aumentando (en / a) un paso increíble.

8. (En / A) la ceremonia cada persona recibe un nuevo nombre.

9. Mi hermana estudia (en / a) MIT (en / a) Cambridge.

10. Mi perro Hooper siempre duerme (en el / al) pie de mi cama.

REPASO DE ASPECTOS GRAMATICALES

Si Ud. quiere repasar los tiempos pasados, consulte la **Tercera etapa** *del* **Capítulo 2** *del libro de texto.*

Los tiempos pasados

El pretérito y los tiempos perfectos

Actividad A. Explique el porqué del uso de los tiempos pasados en los siguientes casos.

1. Me *matriculé* en la universidad hace dos años, pero ya *había visitado* el campus varias veces antes. _____

_____

2. ¿Qué *has hecho* para ayudar a un amigo recientemente? _____

_____

3. Mis padres se *casaron* en 1950. _____

_____

4. No querían comer porque ya *habían comido.* _____

_____

5. ¿*Has oído* semejante tontería en tu vida? _____

_____

Actividad B. Determine si es posible reemplazar, en los siguientes casos, el presente perfecto por el pretérito, y viceversa. Escriba **Sí** si es posible; **No** si no lo es.

1. _____ La semana pasada *estudiamos* la descripción.

2. _____ Ud. no *ha dicho* nada todo el día.

3. _____ Ud. no *ha dicho* nada en todo el día y eso me preocupa mucho.

4. _____ ¿*Aprendieron* Uds. a usar la computadora?

5. _____ ¡Dios mío! ¿Qué *has hecho*?

6. _____ Lo *conocí* durante mi primer año aquí.

El uso del pretérito y el imperfecto en la narración

Actividad A. Complete el siguiente pasaje con la forma correcta de los verbos indicados. El tiempo debe escogerse de acuerdo con la función indicada a la izquierda.

FUNCIÓN DEL VERBO

1. descripción
2. descripción
3. acción continua interrumpida por otra
4. acción completada
5. descripción
6. descripción
7. cambio mental
8. estado mental
9. anticipación
10. acción continua
11. acción completada
12. acción completada
13. acción limitada en el tiempo
14. acción completada
15. acción continua interrumpida por otra

En una ciudad lejana, _____^{1} (haber) un castillo muy antiguo. _____^{2} (Ser) un edificio enorme, hecho de piedra negra. Una noche, cuando todos en el castillo _____^{3} (dormir), _____^{4} (llegar) un hombre que _____^{5} (vestir) todo de azul. Al ver que el castillo _____^{6} (estar) en silencio, _____^{7} (decidir) esperar hasta que amaneciera para acercarse a la puerta. _____^{8} (Saber) que su llegada _____^{9} (ir) a ser una sorpresa desagradable para los que _____^{10} (vivir) en la gran fortaleza. Se _____^{11} (sentar) debajo de un árbol y _____^{12} (apoyar) la

16. acción completada que adelanta la narración

17. acción empezada en el pasado

cabeza en el tronco para descansar. Así _____[13] (permanecer) por varias horas. Cuando _____[14] (abrir) los ojos, el sol ya _____[15] (salir). _____[16] (Estirar) las piernas y _____[17] (caminar) hacia el castillo.

Actividad B. Siguiendo el ejemplo de la actividad anterior, identifique la función de cada verbo indicado en el siguiente texto.

Esta narración acerca de un incidente memorable en la vida de un joven, está dividida en dos partes. La segunda parte de esta narración se encuentra en la **Actividad E,** página 45 del **Cuaderno de práctica.**

A un «clic» de aquí (Primera parte)

Nunca entendí a los que se echan a llorar por estar lejos de su hogar. Me sentía superior a eso. Pensaba que la distancia era un concepto imaginado, y que con fuerza de voluntad, uno se podía sentir cerca de sus seres queridos.

Me *metí*[1] un caramelo de menta en la boca para deshacerme del olor a sudor camuflado por jabón barato, barro mojado y aliento rancio que me *rodeaba*[2]. Incluso con el iPod a todo volumen *seguía*[3] oyendo los ronquidos del corpulento señor que *tenía*[4] a mi lado. El viaje de Santiago del Estero a Córdoba *iba*[5] a ser largo. *Llevaba*[6] tres días sin ver la tele, y lo último que había visto había sido un cachito de telenovela con mala recepción en un bar de esos que crecen como hongos entre los pueblecitos. *Saqué*[7] el móvil para ver si me había dejado Mónica algún mensaje; pero no. Le *escribí*[8] yo uno a ella. *Volví*[9] a leer las postales que les *iba*[10] a enviar a mis amigos desde el siguiente pueblo, y me *parecieron*[11] todas bien. Mi madre me llamaría al hotel en Córdoba. En lo único que *podía*[12] pensar era en si habría televisor, y si tendría acceso al Internet.

1. _____
2. _____
3. _____
4. _____
5. _____
6. _____
7. _____
8. _____
9. _____
10. _____
11. _____
12. _____

Actividad C.   ¿Sabía Ud. que la historia del ajedrez se entrelaza con la historia de España? Lea el siguiente pasaje y luego complételo con la forma correcta de los verbos indicados —ya sea en el pretérito o en el imperfecto.

El ajedrez es quizás el juego más antiguo del mundo. La mayoría de los historiadores cree que _____[1] (originarse) en la India en el siglo VI d.C. En aquel entonces, la gente lo _____[2] (llamar) «el juego del ejército» o «Chaturanga» —palabra que en sánscrito _____[3] (referirse) a las cuatro «angas» o miembros del ejército indio— los elefantes, los caballos, los carros de guerra y los soldados de infantería. Desde la India, las caravanas de mercaderes _____[4] (llevar) el juego a Persia y desde allí el juego _____[5] (difundirse) por toda Asia. Los árabes, los mejores matemáticos del mundo en aquel entonces, _____[6] (escribir) varios tratados sobre el juego y _____[7] (formalizar) las reglas que _____[8] (ir) a asociarse con el juego durante los siglos siguientes.

Según una de las versiones históricas, el ajedrez _____[9] (entrar) a Europa por España cuando los moros _____[10] (invadir) la Península Ibérica; mientras que otra versión dice que los europeos _____[11] (conocer) el juego durante las Cruzadas. Sea como fuere, ya para la Edad Media el juego _____[12] (poder) encontrarse en todos los demás países del continente. Se cuenta que aun los vikingos _____[13] (saber) del juego, ya que un tablero de ajedrez con algunas piezas _____[14] (ser) encontrado en una tumba vikinga de la época.

Desde su llegada a Europa hasta mediados del siglo XV, las reglas y las piezas del juego _____[15] (mantener) su antigua fórmula árabe. En 1475, _____[16] (haber) un cambio importante en el juego: _____[17] (imponerse) las reglas que hoy se usan, y las piezas _____[18] (obtener) la forma que tienen actualmente. Como parte de esta transformación, la reina o dama _____[19] (convertirse) en la pieza más importante del juego por su potencia de acción y su gran movilidad. Pero esto, históricamente, no había sido así.

Antiguamente, de acuerdo con la cultura musulmana, el ajedrez no _____[20] (incluir) una pieza femenina. La predecesora, una pieza denominada fiz, fer, firzan o alferza, según diferentes denominaciones regionales, _____[21] (tener) una capacidad de movimiento muy limitada.

En 1475, la dama _____[22] (adquirir) su género femenino, su nuevo nombre (Reina o Dama) y su gran capacidad de movimiento actual. ¿Cómo se explican estos cambios después de tantos siglos? Según algunos historiadores esta transformación _____[23] (tener) lugar en el Levante español donde ya _____[24] (existir) el modelo de una figura femenina poderosa —la reina Isabel la Católica.

El uso del pretérito y del imperfecto

Actividad D. Exprese las siguientes oraciones en español.

1. The conductor was talking to some of the passengers when the train suddenly stopped. _____
   _____

2. There were many people in the room when the girl fainted. _____
   _____

3. When we were children, we often visited a park that was located near her house. _____
   _____

4. When did they return? I thought that they had reservations for two months. _____
   _____

5. In 1925, my grandfather left the island and worked on a ship for a few months. _____
   _____

6. He realized that he didn't have the money to take Lisa to the movies, but he was ashamed to tell her. _____
   _____

7. After the accident happened, a man ran out the door; he was dressed in gray and wore glasses. _____
   _____

8. The president spoke at nine A.M., but many people couldn't listen because they were at work. _____

_____

9. Columbo always wore an old raincoat and smoked a cigar; his questions seemed silly, but he always managed to trap the criminal.

_____

_____

10. I remember that they used to close the schools when there was a big snowstorm. _____

_____

Los otros tiempos del pasado

Actividad E. Complete el siguiente texto con la forma correcta de los verbos indicados —ya sea en el pretérito, el imperfecto o el pluscuamperfecto, según el contexto.

A un «clic» de aquí (Segunda parte)

El autobús atestado de gente continuaba hacia Córdoba. Yo sólo podía pensar en si habría televisor, y si tendría acceso al Internet. _____[1] (Tener) que encontrar unos datos para el artículo que _____[2] (ir) a escribir, y también me _____[3] (interesar) encontrar el origen de dos o tres palabras que _____[4] (usarse) en esta zona de la Argentina, palabras que yo no _____[5] (oír) antes.

En el autobús no _____[6] (haber) conexión a la Red, pero para pasar el tiempo _____[7] (empezar: yo) a organizar mis fotos digitales en mi laptop. Dos niños se me quedaron mirando por encima de mi asiento.

—Mirá, —susurró uno. No habría visto antes una computadora portátil.

—¿Dónde es eso? ¿Quiénes son esas dos mujeres? ¿Por qué llevá ese gorro la rubia? ¿Es una fiesta?

—No sé. Preguntale vos al señor.

—Perdón, ¿qué está viendo?

_____[8] (Sacarse: Yo) los auriculares de los oídos y _____[9] (bajar) el volumen de la música. _____[10]

*Esta narración acerca de un incidente memorable en la vida de un joven, está dividida en dos partes. La primera parte de esta narración se encuentra en la **Actividad B,** página 42 del **Cuaderno de práctica.***

(Darse: Yo) cuenta de que no _____ [11] (estar: yo) prestando atención a las fotos, que las imágenes _____ [12] (ir) pasando de la una a la otra automáticamente, y que no _____ [13] (tener: yo) ni idea de lo que me _____ [14] (preguntar) el chiquillo. _____ [15] (Cerrar: Yo) el teléfono móbil, ya que lo _____ [16] (dejar: yo) abierto sobre el laptop. _____ [17] (Guardar: Yo) las postales y _____ [18] (mirar: yo) hacia la familia de los niños, abuelo incluido, todos apretujados en una misma fila. Al volverme, el niño _____ [19] (apartarse). Le daría vergüenza hablar con un extranjero después de todo, porque _____ [20] (esconder: él) la cara sonriendo bajo el brazo de su madre. La cabeza del que aún _____ [21] (dormir) a mi derecha _____ [22] (estar) a un centímetro de mi hombro. _____ [23] (Sentirse: Yo) claustrofóbico por la presencia de tanta gente en el autobús. _____ [24] (Oír: Yo) por primera vez el ronroneo del motor.

De pronto, desenchufado, _____ [25] (sentirse: yo) el hombre más solo de la tierra.

Actividad F. Lea el siguiente pasaje y luego complételo con la forma correcta de los verbos indicados —ya sea el pretérito, el imperfecto o el pluscuamperfecto— según el contexto.

Cuando _____ [1] (despertarse: yo), ya _____ [2] (saber) que algo _____ [3] (estar) mal. Mi pequeño cuarto, que siempre _____ [4] (estar) oscuro cuando _____ [5] (levantarse: yo) a las cinco para poder coger el tren de las seis, ahora _____ [6] (estar) lleno de una terrible alegre luz. La noche anterior yo _____ [7] (llegar) tarde y, cansada, _____ [8] (acostarse: yo) inmediatamente. Por la luz que ahora _____ [9] (jugar) en las paredes, _____ [10] (saber: yo) que no _____ [11] (poner) el despertador. Enderezándome en la cama, _____ [12] (mirar) el reloj. ¡_____ [13] (Ser) las nueve y media! ¿Qué _____ [14] (ir) a hacer? ¿Llamar y fingir enfermedad? En realidad no _____ [15] (sentirse: yo) muy bien. ¿Levantarme y vestirme? Quizás nadie _____ [16] (darse) cuenta de que yo no _____ [17] (estar) en mi oficina. ¿Volver a dormir? No, ya _____ [18] (estar) despierta. _____ [19] (Levantarse: Yo), todavía indecisa.

Otros tiempos del pasado

Actividad G. Exprese las siguientes oraciones en español.

1. The police have arrested the man who robbed that store. _____

_____

2. We had already finished cleaning the house when he offered to

help us. _____

_____

3. Did you translate that exercise yesterday? _____

_____

4. There was a big commotion because the dog was barking right

outside the window. _____

_____

5. They told me what had happened, and I tried to calm them down.

_____

_____

CORRECCIÓN DE PRUEBAS: FORMAS

Actividad A. Lea cuidadosamente los siguientes pasajes en inglés. Luego corrija el uso de las formas verbales en tiempos pasados en las traducciones al español. ¡OJO! No todas las formas verbales son incorrectas.

1. When I saw them, the man was shouting at the woman. He looked angry. He had raised his arm as if to hit her, and I heard him mutter a curse. The woman looked sad. She was wearing a long skirt and a torn blouse. I wondered what I should do. While I was thinking, the couple disappeared. I looked around me, but I couldn't tell where they had gone. I waited for a few minutes to see if they returned, but the street remained empty.

Cuando los *veía*^a, el hombre *estaba*^b **a.** _____

gritándole a la mujer. Se *vio*^c eno- **b.** _____

jado. *Levantó*^d el brazo como para **c.** _____

pegarle y *oí*^e que *murmuraba*^f una **d.** _____

maldición. La mujer *parecía*^g triste. **e.** _____

Llevaba^h una falda larga y una blusa **f.** _____

rota. Me *preguntaba*ⁱ qué *debía*^j **g.** _____

hacer. Mientras *pensé*^k, la pareja **h.** _____

desaparecía^l. *Miraba*^m a mi alrededor, **i.** _____

pero no *podía*[n] averiguar por dónde **j.** _____

se *fueron*[o]. *Esperaba*[p] unos minutos **k.** _____

para ver si *volvieron*[q], pero la calle **l.** _____

permaneció[r] vacía. **m.** _____

 n. _____

 o. _____

 p. _____

 q. _____

 r. _____

2. It was late. The clock struck one. Slowly the restaurant was emptying. Most of the others had already left. Maggie spoke first. While she spoke, she played with a pencil. Tom spoke next. He seemed older, perhaps tired.

Fue[a] tarde. El reloj *dio*[b] la una. El **a.** _____

restaurante *empezaba*[c] a vaciarse **b.** _____

lentamente. La mayoría de los otros **c.** _____

ya se *fueron*[d]. Maggie *hablaba*[e] pri- **d.** _____

mero. Mientras *habló*[f], *jugó*[g] con un **e.** _____

lápiz. Luego *habló*[h] Tom. *Pareció*[i] **f.** _____

más viejo, quizás cansado. **g.** _____

 h. _____

 i. _____

Actividad B. Lea el siguiente pasaje con cuidado, examinando los diferentes usos de las formas verbales. Luego escríbalo de nuevo, corrigiendo los errores en el uso lógico de los tiempos pasados.

Elena habló mientras yo comí. Me decía que estaba queriendo que yo la ayudara a ella con su tarea. Me explicó que su profesor fue muy exigente. Yo pensaba por un momento y luego le dije que no pude ayudarla. Le contaba que no tuve tiempo, pero no la miré a los ojos porque supe que mentí.

_____

_____

_____

_____

_____

_____

_____

_____

Actividad C. Revise y corrija el siguiente pasaje, prestando atención especial tanto a los usos de **ser** y **estar** como a la concordancia de los adjetivos.

La fiesta de María fue en el espléndido salón presidencial del Hotel Ritz. Todo los invitados fueron bailando ahí hasta las cuatro de la mañana. La mamá de la festejada era cansadísimo, pero su papá estaba feliz. Los primeros en llegar estaban los miembros de la familia. Como estaba invierno, no pudieron usar los jardines del hotel y pronto empezaron a abanicarse muchos porque tenían mucho calor. Aunque varios ventanas eran abierto, el aire del salón era insoportable. María era preciosa. Su vestido estaba de seda bordado con pequeños perlas. Estaba de color blanco, una color que le quedaba muy bien.

EN SU LIBRETA. . .

siga estos mismos pasos al revisar el borrador de su propio escrito para la tarea de este capítulo.

REPASO DE VOCABULARIO ÚTIL: LA CRONOLOGÍA; REPORTANDO EL DIÁLOGO

Aunque en la narración se pueden presentar los hechos organizando la información de varias maneras, lo más frecuente es seguir un orden cronológico; es decir, contar los sucesos en el orden en que ocurrieron. Para ayudar al lector a seguir el desarrollo de la acción paso por paso, pueden usarse varios adverbios y otras expresiones como los que se dan a continuación, que establecen las relaciones temporales.

VOCABULARIO RELACIONADO CON LA CRONOLOGÍA	
a partir de	durante
al + *infinitivo*	en aquel entonces
al cabo de	entonces
al (día, mes, año) siguiente	luego
al final	mientras
al mismo tiempo	mientras tanto
al principio	por fin, finalmente
antes de (que)	tan pronto como, en cuanto
cuando	ya
después de (que), luego de (que)	

Como ya se indicó, contar una historia oralmente no es lo mismo que escribirla, ya que el escritor tiene que buscar la manera de expresar con precisión tanto sus ideas como sus actitudes. Las siguientes palabras representan varias alternativas para referirse al diálogo en un cuento.

Actividad A. A continuación se presenta una lista de datos sobre la vida de Miguel de Cervantes. Usando los indicios espaciales y temporales, ponga la información en orden cronológico.

_____ De su juventud se sabe poco.

_____ A pesar de estar enfermo, peleó valientemente y recibió una grave herida en la mano izquierda.

_____ Se advierte la influencia latina e italiana en toda su obra literaria.

_____ Este «falso Quijote» incitó a Cervantes a apresurar la terminación de su obra y al año siguiente publicó la verdadera *Segunda parte*.

_____ Regresó a España en 1581.

_____ Sus restos fueron inhumados en el cementerio de las Trinitarias Descalzas, lugar de donde luego desaparecieron.

_____ A los veintidós años salió de España con rumbo a Italia.

_____ El matrimonio no fue feliz y pronto se separó de su esposa.

_____ Cervantes nació en 1547 en Alcalá de Henares, el cuarto de siete hijos.

_____ En una cárcel de Sevilla empezó a escribir el *Quijote*, que apareció tres años más tarde, en 1605, en Madrid.

_____ No cursó nunca estudios oficiales, pero leyó mucho y conoció bien las letras clásicas.

_____ El 7 de octubre de 1571 combatió contra los turcos en la célebre batalla naval de Lepanto.

_____ Estuvo prisionero en Argel por cinco años antes de ser rescatado.

_____ A pesar del gran éxito de su obra maestra, Cervantes murió pobre y solo.

_____ A la edad de treinta y siete años, se casó con la hija de unos hidalgos campesinos.

_____ Pero los infortunios de Cervantes, lejos de terminar, se acrecentaron.

_____ Falleció el 23 de abril de 1616.

_____ Después de vivir seis años en Italia, fue capturado por piratas berberiscos y llevado al cautiverio en Argel.

_____ En 1614 apareció una segunda parte del *Quijote,* escrita por Alonso Fernández de Avellaneda.

_____ Por eso se le llama el Manco de Lepanto.

_____ Llevó una vida miserable, llena de preocupaciones y disgustos y siempre con grandes dificultades económicas.

❖ **Actividad B.** Utilizando la lista de la actividad anterior, escriba un párrafo sobre Cervantes, usando el vocabulario relacionado con la cronología.

_____

_____

_____

_____

_____

_____

_____

_____

_____

_____

_____

_____

_____

_____

_____

_____

_____

_____

_____

_____

_____

Actividad C. Complete el párrafo con palabras o frases de esta lista.

al	después de	luego
al cabo de	en aquel entonces	mientras
antes de	entonces	por fin
cuando	finalmente	tan pronto como

El verano _____[1] mi último año de secundaria me di cuenta de que no me quedaba mucho tiempo para decidir dónde iba a hacer mis estudios universitarios. _____[2] empezar el año escolar fui a hablar con mi consejero. Me dio muchos folletos y catálogos para leer y _____[3] me hizo preguntas acerca de mis intereses y habilidades. _____[4] esta entrevista me sugirió varias universidades y programas. _____[5] me dijo que debería escribir a cada universidad y pedir información y una solicitud.

_____[6] esperaba, sufrí los exámenes de aptitud para los estudios universitarios. _____[7] llegaron las solicitudes y la información que había pedido, las leí, decidí cuáles me interesaban más y llené las solicitudes. Mandé todo para fines de diciembre y _____[8] me tocó esperar otra vez. _____[9] unos meses, más o menos a mediados de abril, recibí cartas de dos universidades en las que me decían que me aceptaban en su programa. Hablé muchas horas con mis padres y _____[10] decidí asistir a esta universidad.

Actividad D. Lea cada diálogo. De la lista de verbos que encabeza cada diálogo, escoja el que con más claridad complete la oración y escríbalo en la forma apropiada.

1. a. admitir, preguntar, pedir   c. protestar, rogar, ofrecer

     b. anunciar, recomendar, responder   d. lamentar, exclamar, relatar

     —¿Cuándo me traerán Uds. los libros? —_____[a]

     Felipe—. Ya saben que tengo que usarlos para hacer un trabajo de investigación.

     —No te preocupes —_____[b] Cristina—. Eva y yo te los traemos dentro de una semana.

     —Pero los necesito antes —_____[c] el muchacho—. Me queda mucho que hacer.

     —¡Cálmate! —_____[d] [ella]—. Todavía nos quedan tres semanas para entregar el trabajo.

2. a. replicar, suplicar, recomendar   c. lamentar, gruñir, admitir

     b. murmurar, contar, preguntar   d. responder, sugerir, ofrecer

Andaba yo por las calles atestadas de la ciudad cuando un niñito

se me acercó y me _____ ^a:

—Ayúdeme, por favor. No encuentro mi perrito.

—Y ¿cómo es tu perrito? —le _____ ^b.

—Es blanco y negro y lleva un pañuelo rojo en el pescuezo. Salió

     corriendo tras otro perro y ahora no sé dónde está

     —_____ ^c el niño.

—Bueno, ¿por qué no lo buscas en tu casa?

—_____ ^d yo—. Quizás volvió allí cuando se cansó de

     correr.

3. a. decir, contar, relatar   d. rogar, preguntar, relatar

     b. responder, prometer, gritar   e. admitir, decir, exclamar

     c. murmurar, admitir, responder   f. contestar, anunciar,

                                   demandar

—Voy a contarte un secreto —_____ ^a mi hermanito—

     pero tienes que prometer que no se lo dirás a nadie.

—Por supuesto —_____ ^b yo—. Nunca repito los secretos.

     Dime.

—Pues, mamá y papá me van a regalar una bicicleta

     —_____ ^c.

—Y ¿cómo lo sabes? —_____ ^d, intrigado.

—Les oí decir que yo merecía un gran regalo por haber sacado

     tan buenas notas y, como no tengo una, ¡eso seguramente será

     el regalo! —_____ ^e.

—No creo que sea así. Yo tuve que comprar mi propia bicicleta

     aunque también sacaba buenas notas. Voy a sugerirles que te

     regalen una enciclopedia para que estudies más

     —_____ ^f en tono altivo.

CORRECCIÓN DE PRUEBAS: EL LENGUAJE Y LA EXPRESIÓN

❖ **Actividad.** Revise y corrija el siguiente pasaje, prestando atención especial a los usos de **en** y **a,** de los complementos pronominales, del pretérito y del imperfecto, y a la selección de **ser** y **estar.** Note bien el contexto en que aparecen cada verbo y las preposiciones **en** y **a,** y determine si tiene que hacer un cambio o no. Subraye lo que se debe cambiar y utilice el espacio a la derecha para escribir las correcciones. Se han corregido los primeros errores.

Texto: La carrera

El corredor <u>fue</u> por la calle con todos los otros. <u>Estaba</u> la tarde de la gran carrera. La calle donde <u>fueron</u> a correr la milla estaba <u>en el</u> lado de la playa, pero <u>hizo</u> un calor increíble y los atletas no <u>supieron</u> si podrían <u>correrlo</u> en menos de cuatro minutos. Aunque todos ya habían participado en otras competencias, este calor era un nuevo obstáculo.

Los atletas tomaban sus posiciones, se agachaban y esperaban. El silencio estuvo lleno de tensión. De repente se oyó el disparo de la pistola y los corredores saltaron hacia adelante. Hubo muchas personas a los dos lados de la calle animando a los corredores. Al llegar en los 1500 metros uno de los corredores empezó a alejarse de los otros. A pesar del calor y la humedad parecía que voló. Por fin, allí estaba la cinta que marcó el final. Lo vio y se lanzaba hacia ella levantando las manos en triunfo. Había acabado en tres minutos y cincuenta y cuatro segundos. El que le seguía cruzaba la línea en tres minutos y cincuenta y siete segundos. Así, la primera milla de la carrera de Río de Janeiro la terminaban dos corredores en menos de cuatro minutos.

Cambios sugeridos

fue → iba

Estaba → Era

fueron → iban; en el → al

hizo → hacía

superion → sabían

correrlo → correrla

Capítulo **3**

La exposición (Parte 1)

Primera etapa: Antes de redactar

TÉCNICAS Y ESTRATEGIAS

La organización del párrafo, la oración temática y la unidad en el párrafo

El escritor tiene que anticipar las preguntas de su lector, no sólo en cuanto a la información que incluye en su escrito sino también con respecto a su organización. Para asegurar que el lector comprenda la relación entre una idea y otra y que aprecie la relativa importancia de las diversas ideas (cuál es la idea principal y cuáles son las ideas de apoyo), el escritor le deja al lector una serie de indicaciones o señales retóricas. Estas incluyen, por ejemplo, las frases de introducción y de transición. Otro recurso del escritor es establecer una organización clara dentro de cada párrafo de su escrito. Algunas de estas técnicas de organización se presentan a continuación.

La organización del párrafo

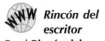 *Rincón del escritor*

En el **Rincón del escritor,** bajo **Más lecturas, Capítulo 3,** hay tres lecturas recomendadas en el libro de texto. Estas lecturas ofrecen más información y otras perspectivas relacionadas a los temas que se exploraron en la **Primera etapa del *Capítulo 3* del libro de texto. Si no lo ha hecho ya, ¡léalas!

www.mhhe.com/composicion5

Un párrafo consiste en una serie de oraciones relacionadas entre sí, que tratan el mismo tema. El párrafo se considera la unidad básica del escrito. Al dividir una exposición en párrafos, el escritor indica al lector que cada una de estas subdivisiones presenta una idea diferente. Esta división tiene utilidad práctica para el escritor, ya que le obliga a agrupar todas las ideas que tratan de un mismo aspecto del tema y a separar aquellas que no se relacionan. También es útil para el lector porque le facilita la comprensión de lo que lee.

Un párrafo bien escrito consta de tres características esenciales.

1. Habla de un solo aspecto de un tema general.

2. Expresa en una oración temática la idea principal que se enfoca.

3. Contiene oraciones que desarrollan la idea principal expresada por la oración temática, formando así una unidad coherente.

La oración temática

Las oraciones de un párrafo enfocan o explican la idea principal del mismo. Esta idea principal se presenta generalmente en una oración a la cual se le da el nombre de **oración temática.**

En una exposición, la oración temática de cada párrafo habla de un *solo* aspecto del tema general que se comenta. Por ejemplo, si escribiéramos una exposición de varios párrafos que tratara de la estructura de la Unión Europea, podríamos organizarla como sigue.

Tesis de la exposición:	La Unión Europea está formada por cuatro instituciones básicas: la comisión, el consejo de ministros, el parlamento europeo y el tribunal.
Párrafo 1, Oración temática:	La comisión es el cuerpo ejecutivo de la Unión y tiene dos funciones principales.
Párrafo 2, Oración temática:	El consejo de ministros complementa la función de la comisión.
Párrafo 3, Oración temática:	El parlamento europeo no es un cuerpo legislativo.
Párrafo 4, Oración temática:	El tribunal tiene poderes exclusivos.

Cada uno de los párrafos de esta exposición habla de uno de los aspectos que se señalaron en la tesis. La oración temática de cada párrafo se limita a presentar una sola idea; en este caso habla de *una* de las cuatro instituciones de la Unión Europea. Una oración temática, entonces, limita el tema que se va a tratar en un párrafo y, a la vez, permite al lector determinar el contenido del conjunto.

La mayoría de los párrafos empiezan con una oración temática, aunque a veces esta se expresa en dos o más oraciones. En algunos casos también aparece al final del párrafo, como resumen del mismo. Con gran frecuencia, los escritores de mucha experiencia no incluyen una oración temática como tal. Organizan sus párrafos utilizando una *idea* temática, pero no la expresan. En estos casos es posible adivinar cuál sería la oración si se hubiera incluido.

Al escritor de menos experiencia se le recomienda siempre elaborar oraciones temáticas para cada uno de sus párrafos. Así podrá examinar su estructura y determinar la función de cada oración de apoyo.

La unidad en el párrafo

El párrafo debe reflejar una unidad de pensamiento. Es decir, cada una de las oraciones que lo componen debe mantener una relación estrecha con la idea principal que se intenta presentar. Esta idea, expresada a través de la oración temática, contiene un resumen de lo que tratará el párrafo en su totalidad.

En el ejemplo que se presenta a continuación se encuentra subrayada la oración temática. Note cómo todas las oraciones contribuyen a desarrollar esta idea principal.

(**1**) <u>Hay varias razones por las cuales algunos estudiantes sacan malas calificaciones.</u> (**2**) Muchos estudiantes simplemente no estudian bastante. (**3**) Pierden demasiado tiempo en otras actividades y rara vez se acercan a los libros. (**4**) Algunos, aunque pasan mucho tiempo estudiando, no logran identificar los aspectos importantes

de la materia. (**5**) Ponen demasiado interés en detalles insignifi-
cantes. (**6**) Otros estudiantes no quieren investigar, aprender o
estudiar más de lo que se requiere para salir aprobados. (**7**) No
se esfuerzan por sobresalir.

En este párrafo, cada una de las oraciones contribuye a la presentación
de la idea principal. Las oraciones **2** y **3** hablan de una de las razones por
la cual los estudiantes sacan malas calificaciones: no estudian. Las oraciones **4** y **5** exponen otra razón: la falta de identificación de los aspectos
importantes de la materia. Finalmente, las oraciones **6** y **7** presentan una
tercera razón: la falta de interés por sobresalir. Cada una de las oraciones
de este párrafo enfoca el tema. Se mantiene, pues, una unidad en el
párrafo.

El párrafo que sigue no mantiene esta misma unidad. Note que, aunque la oración temática indica que se hablará de los diferentes tipos de
romances, algunas oraciones se apartan de este tema.

> (**1**) <u>Hay diferentes tipos de romances españoles.</u> (**2**) Estos son compo-
> siciones poéticas escritas en versos de ocho sílabas con rima aso-
> nante. (**3**) Los romances viejos se dividen en romances históricos,
> fronterizos y moriscos, y romances caballerescos. (**4**) Todos estos
> se caracterizan por su anonimato y fragmentarismo. (**5**) Los
> romances antiguos se relacionan con las crónicas y son producto
> del siglo XVI. (**6**) Los romances descienden de las antiguas gestas.
> (**7**) Los romances artísticos fueron escritos por poetas de los
> siglos XVI y XVII.

En este párrafo hay dos oraciones, la **2** y la **6,** que no se relacionan con
la oración temática. La oración **2** podría ser parte de un párrafo que
presentara una definición del romance como tal. La oración **6** lógicamente pertenecería a un párrafo que hablara sobre los orígenes del
romance. Para mantener la unidad de este párrafo, sería necesario limi-
tar su contenido a la presentación de los diferentes *tipos* o *clases* de
romances.

❖ **Actividad A.**   Lea los siguientes textos y las oraciones temáticas que se
ofrecen. Elija la que a Ud. le parezca mejor para cada texto.

1. _____ Es necesario reconocer que la amenaza de castigo no ha
servido para detener el uso de las drogas ni para disuadir a los
usuarios, sino que, por el contrario, el problema se ha acrecen-
tado. Se ha comprobado que la aplicación de medidas severas en
contra de los traficantes y de los usuarios ha exacerbado el mercado negro y el consumo clandestino. El status de ilegalidad de
las drogas ha hecho aumentar su atracción no sólo en nuestro
país sino también a nivel internacional. Incluso la policía se ha
corrompido y se ha visto envuelta en forma activa en el
narcotráfico.

a. Es urgente tomar medidas excepcionales contra las drogas.

b. La utilización represiva del derecho penal es totalmente ineficaz para controlar el tráfico y consumo de las drogas.

c. La represión puede ser la única solución posible para refrenar
el tráfico y consumo de las drogas.

2. _____ De hecho, para los jóvenes no es sino un aliciente ya que estos, por su espíritu rebelde, están siempre deseosos de transgredir el orden establecido por la generación anterior y esto es claramente lo que sucede con el uso de las drogas. Asimismo, la ilegalidad de las drogas ha creado todo un aparato institucional organizado con el solo objetivo de explotar el contrabando. En consecuencia, podemos ver que la penalización de las drogas está causando el efecto contrario del que se desea provocar. La legislación penal ha ocasionado el precio «exorbitante» de estas sustancias y ha transformado su tráfico en el negocio de mayor éxito en el mercado internacional.

    a. La prohibición no es una barrera para el uso de las drogas.

    b. Existe una legislación severa en contra del uso de las drogas.

    c. Para algunos la solución estriba en la legalización de las drogas.

❖ **Actividad B.** Escriba una oración temática para los siguientes párrafos. Ponga atención a los detalles de apoyo antes de escribirla. Si quiere, después puede comparar su oración con la de un compañero / una compañera y determinar cuál de las dos es la mejor.

1. _____

_____

_____

El mayor terminó sus estudios universitarios este año. Siguió el programa de arquitectura durante los últimos tres años y ahora piensa buscar empleo en Texas. La menor también asiste a la universidad, pero todavía le falta un año para terminar. Estudia sicología y tendrá que hacer estudios graduados antes de poder encontrar un buen trabajo. Estoy muy orgulloso de los dos.

2. _____

_____

_____

Es posible llorar una hora y reírse a carcajadas a la próxima. Una hora se podrá aprender algo de historia y luego habrá un concierto. Todo esto en su propia casa, sin tener uno que vestirse y salir. ¡Qué más se puede desear!

3. _____

_____

_____

Hay volúmenes y volúmenes por todos lados. Hay libros, revistas, periódicos, discos, cintas magnetofónicas y archivos de manuscritos antiguos. No hay tema que uno no pueda investigar. Todo estudiante puede servirse de ella, no sólo para buscar libros sino para estudiar, y aun para conocer a otros. Si no tienen lo que uno necesita, se lo pueden pedir a otra universidad.

❖ **Actividad C.** Después de leer los párrafos que se dan a continuación, conteste las siguientes preguntas. Si quiere, puede comentarlos con un compañero / una compañera.

- ¿Está completo el párrafo?

- ¿Tiene unidad? ¿Hay una idea central?

- Si no, ¿qué se pudiera eliminar? ¿Qué ideas se pudieran agregar?

- ¿Se han presentado las ideas en un orden lógico?

1. El amor no tiene el mismo significado para todos. Hay personas que usan esta palabra sólo para referirse al amor romántico entre dos personas. No puede una vivir sin la otra. También hay quienes extienden el significado hasta incluir la amistad y la caridad. Estos últimos tienen la definición más amplia de todas. Para otros, el amor tiene un significado un poco más extenso: además del amor romántico, incluye el amor familiar.

2. La rosa es una flor que se halla en varios tamaños y colores. Hay rosas tan pequeñas que cuando se abren no miden más de media pulgada. Estas miniaturas son bastante raras. Es difícil cultivarlas. La mayoría de los rosales crecen hasta tres o cuatro pies de alto y sus flores, cuando están abiertas, miden cerca de tres pulgadas. Las rosas más grandes pueden llegar a medir de siete a ocho pulgadas. Lo más notable de una rosa es el color. Varía del blanco hasta un rojo tan oscuro que casi se cree que es negro. La rosa es verdaderamente una de las maravillas de la naturaleza.

3. El curso de sociología trata dos temas. Uno de ellos es la comunidad y el otro es la sociedad. Se explica qué es y cómo funciona. Se estudian varias comunidades para poder comprender cuáles son las semejanzas y las diferencias. Es un curso sumamente interesante.

ASPECTOS ESTILÍSTICOS

I. El estilo y la estructura de la oración: Técnicas para construir oraciones más largas

Una de las diferencias más obvias entre el estilo del español escrito y el del inglés escrito se encuentra en la estructura y la longitud de la oración. El estilo del español escrito puede parecer florido y elegante, y hasta verboso o redundante, al oído del angloparlante que está acostumbrado a un estilo con oraciones más cortas y directas. Lea, por ejemplo, el siguiente párrafo, que consiste en una sola oración.

Desde un principio, las ideas han estado encuadradas en dos doctrinas opuestas: las materialistas o mecanicistas, que suponían que la vida no era más que el resultado de una organización más o menos compleja de la materia, y las vitalistas o finalistas, que proponían que la vida tenía su origen en una fuerza superior que insuflaba a los seres un principio vital, que en el caso de los hombres se identificaba con el alma.

La meta de este libro no es enseñarle a escribir en un estilo idéntico al anterior; sin embargo, es importante que aprenda a construir oraciones un poco más largas y complejas. Sucede con frecuencia que los estudiantes angloparlantes, al intentar un control más completo de los tiempos y modos verbales del español, utilizan técnicas para evitar errores que resultan en un español abrupto y desconectado. Es decir, en vez de construir oraciones largas con estructuras más complejas y variadas, escriben muchas oraciones cortas y simples uniéndolas con conjunciones coordinadas como «y», «o» y «pero». Lea los siguientes ejemplos.

SERIE DE ORACIONES SIMPLES	ORACIONES SIMPLES UNIDAS POR MEDIO DE CONJUNCIONES COORDINADAS
Las muchachas estaban cansadas. Tenían mucho que hacer para completar el trabajo. Querían entregarlo antes del fin de plazo. Decidieron seguir trabajando. Podrían dormir hasta más tarde al día siguiente. Su jefe quedaría contento con esta decisión. Quizás les recompensaría con un aumento de sueldo. Claramente, tendrían que trabajar rápido.	Las muchachas estaban cansadas, pero tenían mucho que hacer para completar el trabajo y entregarlo antes del fin de plazo, y por eso decidieron que sería mejor seguir trabajando y dormir hasta más tarde al día siguiente, y entonces quedaría contento su jefe y quizás les recompensaría con un aumento de sueldo, pero claramente tendrían que trabajar rápido.

En este capítulo se practicará la técnica de combinar oraciones simples por medio del participio pasivo; en el **Capítulo 4** se utilizarán adverbios y otras conjunciones subordinadas para construir oraciones compuestas y complejas, y en el **Capítulo 5** se usarán pronombres relativos para realizar el mismo resultado. En el **Capítulo 6** tendrá Ud. la oportunidad de repasar y practicar la combinación de oraciones utilizando todas estas técnicas.

II. Combinar oraciones por medio del participio pasado

El participio pasado o participio pasivo es la forma del verbo que se combina con el verbo **ser** para crear la voz pasiva.

Estos edificios fueron **diseñados** por una firma internacional de gran renombre.

Este año, en el anuario, los artículos sobre las actividades deportivas en nuestra universidad serán **escritos** por los deportistas mismos.

El participio pasado también puede usarse en una construcción no pasiva.

> **Completadas** las tareas, los estudiantes volvieron a casa.

> *With the assignments finished (Having finished the assignments; Now that the assignments were finished), the students returned home.*

> **Resuelto** el problema, decidieron continuar el viaje.

> *With the problem solved (Having solved the problem; Now that the problem was solved), they decided to continue the trip.*

En este caso —es decir, cuando no tiene función pasiva— el participio siempre

- se refiere a una acción completada en algún momento antes de la acción del verbo principal
- funciona como adjetivo
- concuerda en número y género con el sustantivo que modifica
- precede al sustantivo que modifica (como puede observarse en los ejemplos anteriores)

Actividad A.   Usando el participio pasado, combine los siguientes pares de oraciones en una sola. ¡OJO! Puede ser necesario omitir algunas palabras al unir las dos oraciones. No se olvide de hacer que el participio concuerde con el sustantivo que modifica.

> MODELO: Ellos abrieron la ventana. Pudieron oír el ruido del desfile. →
>
> Abierta la ventana, pudieron oír el ruido del desfile.

1. El jefe examinó los paquetes. El jefe firmó el recibo.
2. Ellos tomaron la decisión. Ellos se sintieron muy aliviados.
3. Las autoridades cerraron las facultades. No había lugar en donde los estudiantes pudieran reunirse.
4. Marta escribió el trabajo. Marta pudo concentrarse en su presentación para el día siguiente.
5. Reinaldo y Mariluz se casaron hace más de siete años. Reinaldo y Mariluz han tenido unas relaciones muy difíciles.

Actividad B.   Vuelva a escribir las siguientes oraciones sustituyendo algunas conjunciones coordinadas por el participio pasado. Recuerde que la acción que describe el participio debe tener lugar antes de la acción del verbo principal.

> MODELO: El partido terminó temprano y todos fuimos a un restaurante para cenar y celebrar la primera victoria. →
>
> Terminado el partido, todos fuimos a un restaurante para cenar y celebrar la primera victoria.

1. Hubo una tormenta enorme esa noche y se destruyeron muchas de las casas y un gran número de personas tuvo que buscar refugio.

2. Ya se acabaron los ensayos y la obra se estrenará este viernes y se presentará los próximos cuatro fines de semana.

3. Ya preparé los bizcochitos y luego se los llevaré a mis vecinos porque me encanta compartir estas delicias con todo el mundo.

4. La nieve cubría las carreteras y no se movía nada, ni la gente ni el tráfico.

5. La asistente formuló un plan para el congreso de profesores y se lo ha enviado a su jefe y al comité para que lo aprueben.

INTERACCIONES LECTOR/ESCRITOR

La caracterización del lector

Tanto para enfocar el tema como para decidir la mejor manera de organizar y presentar la información, el escritor tiene que tomar en cuenta al lector a quien se dirige. ¿Qué sabe ya este del tema? ¿Cuál puede ser su actitud al respecto? ¿Qué necesita saber? Es decir, ¿qué información busca en el texto escrito? Muchas veces el escritor inexperto se deja guiar por todo lo que él sabe acerca de un tema, sin reflexionar sobre las necesidades del lector. En este caso, es probable que el lector logre entender lo que *dice* el escritor sin poder apreciar *su intención*.

❖ **Actividad.** El siguiente texto fue escrito con el propósito de informar al público en general sobre la orca y la necesidad de proteger a este animal de la caza indiscriminada. Antes de leerlo, caracterice Ud. a este lector en particular y haga algunos apuntes en los siguientes espacios.

1. ¿Qué sabrá ya este público acerca del tema? ¿Sabrá mucho o poco? ¿Tendrá información técnica? _____

_____

_____

2. ¿Cuál será su actitud con respecto al tema? ¿Será positiva, negativa o indiferente? _____

_____

3. Si este texto sirve para darle información al lector para que pueda tomar una decisión con respecto a la supervivencia de este animal, ¿qué preguntas se hará al leer el texto? _____

_____

_____

La orca

La orca pertenece a la clase de los mamíferos y al orden de los cetáceos. Otros miembros de este orden incluyen los cachalotes. La orca es prima del delfín, ya que ambos pertenecen a la familia de los delfínidos. La orca macho puede llegar a medir hasta nueve metros, mientras que la hembra apenas llega a los cinco metros. Esto la hace el mayor de todos los delfínidos, de forma más robusta y pesada que el resto de los delfines. Pesa entre 800 y 1.000 kilogramos.

Los machos se destacan por la gran aleta dorsal, de forma triangular, que alcanza hasta dos metros de longitud; en las hembras esta aleta es de menor tamaño y ligeramente curvada hacia atrás. Los dos tienen mandíbulas fuertes y grandes, dotadas de 10 a 13 dientes cónicos. El dorso es negro; la parte ventral es blanca. Se caracteriza por la media luna blanca que tiene detrás de la aleta dorsal y también por una amplia mancha blanca sobre el ojo.

La orca puebla todos los mares del mundo, sin excepción, incluidos los polares. Visita el litoral español y ocasionalmente se interna en el Mediterráneo.

Su actitud francamente cazadora es su característica más notable. Grupos de orcas han llegado a atacar a cachalotes y otros grandes cetáceos. Su fama de «ballenas asesinas», basada en infundadas leyendas muy antiguas, es injustificada, ya que las orcas poseen un carácter poco agresivo hacia el hombre. Su gran inteligencia hace que sean frecuentes inquilinos de los acuarios. Viven en manadas familiares guiadas casi siempre por un gran macho. Su período de gestación es de 11 a 12 meses.

Rincón del escritor

Ya que uno de los propósitos de la exposición es informar, esta incluye típicamente varias clases de evidencia para lograrlo. En el **Rincón del escritor** Ud. puede encontrar más información acerca de las diferentes clases de evidencia que se pueden incluir en una exposición.

En su opinión, ¿es efectivo este ensayo si su propósito es proteger a la orca? ¿Por qué sí o por qué no? ¿Para qué tipo de lector es más apropiado? ¿Por qué? ¿Qué sugerencias le haría Ud. al escritor? Escriba sus respuestas en el siguiente espacio.

_____
_____
_____
_____
_____
_____
_____
_____
_____
_____
_____
_____
_____

Segunda etapa: La redacción y la revisión de las versiones preliminares

PLAN DE REDACCIÓN: LA EXPOSICIÓN

❖ **Actividad.** Si Ud. no ha completado todavía un plan de redacción para la tarea de este capítulo, complételo a continuación, siguiendo los pasos de la **Segunda etapa** del **Capítulo 3** del libro de texto.

EN SU LIBRETA. . .

si Ud. no ha completado todavía el borrador para la tarea de este capítulo, complételo ahora.

PLAN DE REDACCIÓN: LA EXPOSICIÓN

1. El tema: _____

2. La idea principal que quiero comunicarle a mi lector (la tesis): _____
   _____

3. Mi propósito como escritor: _____
   _____

   El lector y su propósito al leer: _____
   _____

   Cinco preguntas cuyas respuestas busca el lector en el escrito:
   - _____
   - _____
   - _____
   - _____
   - _____

4. La información (*la evidencia*) y su organización: ¿Sirve la información
   del texto para explicar y apoyar la idea principal? _____
   _____
   _____

PLAN DE REDACCIÓN: LA EXPOSICIÓN

¿Cómo se organiza la información del texto? ¿Se utiliza la clasificación?

¿El análisis? _____

_____

_____

¿Hay unidad en los diversos párrafos del texto? _____

_____

_____

Conteste la primera pregunta antes de leer el texto. Una vez leída y analizada cuidadosamente la exposición, conteste las demás preguntas. Después complete el plan de revisión.

CORRECCIÓN DE PRUEBAS: CONTENIDO Y ORGANIZACIÓN

❖ **Actividad.** Una estudiante de tercer año ha escrito una exposición en la que presenta una clasificación de los hombres basada en las diversas personalidades. La exposición está dirigida a sus compañeros de clase (es decir, para un público que lee por interés).

1. Ud. es el lector pensado. Identifique cuál es su propósito al leer la exposición.

   Propósito: _____

   Apunte aquí cuatro o cinco preguntas relacionadas con su propósito cuyas respuestas buscará Ud. en la exposición. Después, siga con el análisis.

   a. _____

   b. _____

   c. _____

   d. _____

   e. _____

Texto: El hombre

*L*o más importante para algunas mujeres es el hombre. A veces no pueden vivir sin él. Pero no todos los hombres son iguales. Hay tres tipos de hombre: el hombre macho, el hombre tímido y el hombre moderno.

El hombre macho tiene las costumbres de un hombre de siglos pasados. Este creía que las mujeres servían solamente para cocinar, limpiar y tener hijos. El hombre macho hace exactamente lo mismo. Trata a las mujeres como si fueran esclavas. El hombre macho se cree mucho y cree que las mujeres son inferiores.

El hombre tímido parece tener miedo y estar incómodo por una razón u otra. A veces se debe a que tuvo hermanas que lo vestían como niña. O a lo mejor su papá o sus hermanos eran muy machos y le hacían burla porque él no lo era. Después es posible que haya empezado a portarse como un hombre tímido.

El hombre moderno es un hombre sensible y seguro de sí mismo. Es sensible porque puede discutir problemas y hablar de otras cosas con una mujer. La trata como si fuera una persona. Este hombre también sabe cuándo es necesario imponerse y cuándo no. Tampoco se siente inferior por no poder hacer algunas cosas. El hombre moderno es una buena combinación de los otros dos.

Es verdad que un hombre puede ser necesario en la vida de una mujer. Sin embargo, es importante distinguir entre los tres tipos de hombre y determinar cuál es el mejor para cada una.

Análisis

2. ¿Acierta el escritor en contestar sus preguntas? ¿Contesta todas?

_____

_____

_____

3. ¿Cuál es la idea principal en que el escritor intenta expresar este borrador?

_____

_____

_____

4. ¿Se relaciona toda la información directamente con la idea principal? De lo contrario, ¿qué parte(s) no viene(n) al caso?

_____

_____

5. ¿Hay partes sobre las cuales le gustaría a Ud. tener más información (explicación, ejemplos, detalles)?

_____

_____

6. ¿Hay partes del texto en que de repente se encuentre Ud. «perdido/a»?

_____

_____

7. ¿Qué parte(s) del borrador le gusta(n) más?

_____

_____

_____

ESTRATEGIAS PARA LA REVISIÓN

La revisión en colaboración: El plan de revisión

❖ **Actividad.** Haciendo el papel de lector-compañero para el individuo que escribió el texto «El hombre», complete el siguiente plan de revisión. ¿Qué sugerencias le puede ofrecer?

PLAN DE REVISIÓN: LA EXPOSICIÓN _____

[*NOMBRE DEL TEXTO*]

1. Comentarios positivos sobre el texto, ya sea en su totalidad o relacionados con alguna parte en particular (sea lo más específico posible):

2. La idea principal del texto:
   - ¿Qué intenta explicar o defender la idea principal del texto?
   - ¿Sirven todos los datos incluidos para defender la tesis?
   - ¿Resulta una defensa convincente?

3. La organización de los datos:
   - ¿Es la organización de datos una clasificación o un análisis?
   - ¿Se indica la organización de datos en la oración temática?
   - ¿Le parece clara la organización de datos?

4. Los lectores quieren saber lo siguiente con respecto a esta tesis (marque la caja con este símbolo ✓ si el texto contesta la pregunta):

   ☐

   ☐

   ☐

   ☐

5. Comentarios constructivos sobre el texto:
   - detalles o datos que necesitan agregarse, reorganizarse o cambiarse
   - cambios que podrían hacer más vivo y efectivo el lenguaje
   - cambios que podrían hacer más clara y lógica la presentación de la información (al nivel del párrafo o al nivel del ensayo)

6. Otros cambios que se recomiendan:

La autorrevisión con una lista de control

❖ **Actividad.** Si Ud. no ha completado todavía una lista de control para la tarea de este capítulo, ya sea la suya o la de un compañero / una compañera, complétela ahora. Puede usar las preguntas de la lista de control para la exposición de la **Segunda etapa** del **Capítulo 3** del libro de texto, o recopilar su propia lista, con preguntas diferentes, según los elementos que le parezcan más importantes.

LISTA DE CONTROL DE _____ PARA LA EXPOSICIÓN
[*SU NOMBRE*]
☐
☐
☐
☐
☐
☐
☐
☐
☐
☐

Tercera etapa: La revisión de la forma y la preparación de la versión final

REPASO DE ASPECTOS BÁSICOS

Las preposiciones *por* y *para*

Los usos más frecuentes de **por** y **para** se resumen en el siguiente esquema.

*Note que en la mayoría de los casos **para** se asocia con los conceptos de propósito y destinación, mientras que **por** se asocia con razón y tránsito.*

*El uso de **por** ya no es muy frecuente en frases como: Vamos a estar allí **por** tres semanas. Lo más común es eliminar la preposición antes de la expresión de tiempo: Vamos a estar allí tres semanas.*

POR	PARA
1. *Razón, motivo, explicación* Lo pusieron en la cárcel **por** robar. *They put him in jail for (because of) robbery.* Estudio **por** mis padres. *I study for (on account of) my parents.* Fue a la tienda **por** leche. *He went to the store for (on account of, in search of) milk.*	1. *Propósito, objetivo* La abogada fue a la cárcel **para** visitar a su cliente. *The lawyer went to the jail (in order) to visit her client.* Estudio **para** (ser) médico. *I am studying (in order) to be a doctor.* Este regalo es **para** ti. *This present is for you.*
2. *Tránsito por el tiempo o el espacio* Caminaron **por** el parque. *They walked through the park.* Vamos a estar allí (**por**) tres semanas. *We are going to be there (for) three weeks.*	2. *Destinación, límite* Caminaron **para** el parque. *They walked toward the park.* Hay que hacer esto **para** mañana. *You have to do this for (by) tomorrow.*
3. *Cambio de objetos o personas* Les dio $15,00 **por** el dibujo. *She gave them $15.00 (in exchange) for the drawing.*	3. *Propósito* Les dio $15,00 **para** su colecta. *She gave them $15.00 for the collection they were taking.*

(continúa)

POR	PARA
Tengo que trabajar **por** mi hermana esta noche; está enferma. *I have to work for my sister (in her place) tonight; she is ill.* Lo tomaron **por** liberal. *They took him for (confused him with) a liberal.*	Robert Kennedy trabajó como «attorney general» **para** su hermano John. *Robert Kennedy worked as attorney general for his brother John.*
4. *Razón, explicación* Tiene mucha gracia en sus movimientos **por** haber practicado el ballet. *He moves very gracefully because of having practiced ballet.* Mi perrito es muy juguetón **por** su edad. *My puppy is very playful for (because of) his age.*	4. *Comparación, opinión* **Para** haber practicado el ballet, tiene muy poca gracia en sus movimientos. *For (In spite of) having practiced ballet, his movements are not very graceful.* Mi perro es muy juguetón **para** su edad. *My dog is very playful for (in comparison with others of) his age.*

Actividad A. Exprese las siguientes oraciones en inglés. Note la diferencia de significado entre cada uno de los pares.

1. **a.** Se hizo médico para sus padres. _____

    _____

   b. Se hizo médico por sus padres. _____

    _____

2. **a.** Lo haré para mañana. _____

    _____

   b. Lo haré por la mañana. _____

    _____

3. **a.** Quiere diez dólares para el libro. _____

    _____

   b. Quiere diez dólares por el libro. _____

    _____

4. **a.** Salió para el campo. _____

    _____

   b. Salió por el campo. _____

    _____

5. **a.** Trabajo para mi tía. _____

    _____

b. Trabajo por mi tía. _____

_____

Actividad B. Complete cada oración con **por** o **para,** según el contexto. En algunas oraciones se pueden usar las dos preposiciones. Explique el significado de la oración con la preposición que Ud. elija.

1. ¿Cuánto tuvieron que pagar _____ los textos?

2. Saldrán _____ Montreal mañana _____ la mañana.

3. _____ un niño, es muy serio.

4. Mi hija estudió _____ arquitecta.

5. Fueron _____ el parque y llegaron pronto.

6. Esos viejitos siempre se pasean _____ la plaza mayor.

7. A Luisito lo castigaron _____ decir malas palabras.

8. ¿ _____ cuántos años has estudiado la guitarra?

9. Hicimos una cita con el dentista _____ el jueves.

10. Me indicó que tenía un regalo _____ mí.

11. Le dieron el trabajo _____ su experiencia.

12. Fui a la ventanilla _____ los boletos.

13. Los días lluviosos son buenos _____ ir a los museos.

14. Enviaron _____ un electricista cuando se apagaron las luces.

15. Mi cuñada trabaja los fines de semana _____ ganar más dinero.

Actividad C. Exprese las siguientes oraciones en español.

1. You speak Spanish very well for a North American. _____

_____

2. Spanish has always been easy for me. _____

_____

3. I'm going to the bookstore for some notebooks. Shall I buy some

   for you as well? _____

_____

_____

4. Luisa prefers to work during the afternoon in order to have her

   mornings free. _____

_____

5. The Rosenbergs were executed for treason. Their accusers said

   that they were working for the Soviets. _____

_____

_____

6. For your information, I did not rob that bank for money. I did it out of curiosity, simply to see if I could. _____

_____

_____

7. For many years Charles thought that his real parents were dead. For that reason, he made no attempt to find out more about them.

_____

_____

8. For many animals, the maternal instinct ends with the laying of eggs, which are then abandoned. Other animals work very hard to protect their offspring and would even give their life for them.

_____

_____

_____

REPASO DE ASPECTOS GRAMATICALES

Si Ud. quiere repasar la voz pasiva, consulte la **Tercera etapa** del **Capítulo 3** del libro de texto.

La voz pasiva

La voz pasiva con ser

Actividad A.   Convierta estas oraciones a la voz pasiva con **ser.**

1. El dueño vendió la casa. _____

_____

2. Los relámpagos encendieron los árboles. _____

_____

3. Felipe devolverá el regalo. _____

_____

4. Los criados habían preparado la cena. _____

_____

5. Los cristianos vencieron a los moros. _____

_____

6. La clase ha presentado varias obras de García Lorca. _____

_____

❖ **Actividad B.**   Complete las siguientes oraciones con expresiones pasivas.

1. Mi libro favorito _____

2. Nuestro mejor presidente _____

3. La Tercera Guerra Mundial _____

4. Mi pintura favorita _____

5. El aparato más útil de este siglo _____

Actividad C. Indique con una **X** las oraciones que *no* se pueden expresar en la voz pasiva con **ser** y explique por qué.

1. _____ El maestro me dio el libro. _____

2. _____ Oyeron la campana a medianoche. _____

3. _____ El niño pronunció la palabra. _____

4. _____ Los Maldonado compraron el barco. _____

5. _____ El mesero estaba escribiendo el menú. _____

6. _____ Quieren a Magdalena. _____

7. _____ Los soldados perdieron la batalla. _____

8. _____ El guardia abrió el banco. _____

9. _____ Ya hablaron con el presidente. _____

10. _____ Fernando encontrará el gato. _____

Actividad D. Convierta a la voz pasiva con **ser** todas las oraciones de la actividad anterior que se presten a esta construcción.

1. _____

2. _____

3. _____

4. _____

5. _____

6. _____

7. _____

8. _____

9. _____

10. _____

Actividad E. Exprese las siguientes oraciones en español.

1. The house was built twenty-five years ago by Mr. Marino's company.

_____

2. The student government was controlled by the university administration. _____

_____

3. The mayor was invited by a committee of concerned citizens. _____

_____

_____

4. Her ideas were accepted by everyone who attended the meeting.

_____

_____

5. The witness was interrogated by the lawyers for the defense. _____

_____

_____

La voz pasiva refleja

Actividad A. Convierta estas oraciones a la voz pasiva refleja.

1. Vieron al soldado. _____

2. Hablan español aquí. _____

3. Vendieron más autos este año que el año pasado. _____

_____

4. ¿Traerán más comida mañana? _____

_____

5. No entienden a los inmigrantes. _____

_____

6. Visitaron los museos. _____

7. Visitaron a los enfermos. _____

Actividad B. Exprese las siguientes oraciones en español.

1. Some of my favorite songs were written in the sixties. _____

_____

2. At what time do the grocery stores open in this town? _____

_____

3. All his friends have been invited. _____

_____

4. Many artifacts are being donated to the museum. _____

_____

5. Before the day was over, all the letters had been written and sent.

_____

_____

6. During the fall months, the birds were seen every day. _____

_____

7. The students have been sent the necessary information. _____

_____

La reflexiva impersonal

La reflexiva impersonal es una construcción que equivale a las construcciones indefinidas inglesas *one, they, it* y *you* coloquial. Utiliza el pronombre reflexivo **se** y el verbo en tercera persona singular. Uno de los usos más importantes de la reflexiva impersonal es su empleo para dar un tono formal y objetivo a un escrito: reemplaza a las expresiones informales como **mucha gente** o **las personas** y evita el uso de un pronombre personal: **Ud.** piensa, **tú** sabes.

REFLEXIVA IMPERSONAL	ANÁLISIS
Se piensa que el hombre murió en la guerra. *It is believed [They believe] that the man died in the war.*	*El sujeto es general, impersonal —no se refiere a ninguna persona o grupo en particular como agente del verbo **pensar**.*
Se vive bien ahí. *People [One, You] live well there.*	*El sujeto no es una persona específica, sino un sujeto general e impersonal.*
Primero **se va** a la derecha y luego **se va** a la izquierda. *First you go to the right and then you go to the left.*	*El sujeto no se refiere a una persona determinada [Ud.] sino a cualquier persona.*

Actividad A. Exprese las siguientes oraciones en español, usando la construcción reflexiva impersonal.

1. One can see the moon from here. _____

_____

2. People think that Tom is a genius. _____

_____

3. Nowadays a lot is heard about war and violence. _____

_____

4. They say that she is his mother. _____

_____

5. It is the classic dilemma: You don't ask questions because you

   don't know enough to know what you don't understand. _____

_____

6. You can't learn unless you practice. _____

_____

Actividad B. Examine las siguientes oraciones. Reemplace los sujetos personales informales con el **se** impersonal y haga todos los cambios que sean necesarios en el verbo.

1. Tú sabes que el dinero es una motivación fuerte: tú no haces nada sin recompensa. _____

    _____

2. Mucha gente dice que esas personas no pueden resolver el problema. _____

    _____

3. Ellos no han puesto suficiente énfasis en los estudios científicos.

    _____

    _____

4. Cada año la gente recibe más ayuda del gobierno y cada año la gente necesita aún más. _____

    _____

5. Ud. debe usar la voz pasiva si no tiene un sujeto específico para la oración. _____

    _____

La selección entre la voz activa y las varias formas pasivas

Actividad A. Exprese las siguientes ideas en español. ¡OJO! No es posible usar la voz pasiva con **ser** en todos los casos.

1. The children were given milk and cookies. _____

    _____

2. Milk and cookies were given to the children. _____

    _____

3. Our organization's constitution is being revised by our members this year. _____

    _____

4. Spain has had seven different constitutions throughout its history. The current document was approved in 1978. _____

    _____

5. These plates were made by hand (**a mano**) by the indigenous peoples of Guatemala. _____

    _____

6. The effects of the great Chilean earthquake of May 22, 1960, were noticed thousands of miles away. _____
_____

7. The tsunami that was generated by the quake caused devastating damage on the Chilean coast and in Hawaii, the Phillipines, and Japan. _____
_____

8. Superficial waves that traveled several times around the earth were observed. _____
_____

9. Many people ran into the street when the first shocks were felt; as a result, most of the buldings and houses that were destroyed were vacant. _____
_____

10. Damages were estimated at over a half billion dollars. _____
_____

Actividad B. Exprese las siguientes oraciones en español, escogiendo la voz pasiva con **ser** o la voz pasiva refleja, según sea apropiado.

1. These books were bought by John. _____
_____

2. Several watches were bought with the money that was received.
_____
_____

3. Many things were said that day that will never be forgotten. _____
_____
_____

4. The soldiers were paid after the arms were obtained. _____
_____

5. The pedestrian (**el peatón**) was killed by the car. _____
_____

6. The men were observed through the mirror. _____

7. The chicks were incubated (**incubar**) electronically. _____
_____

Actividad C. Exprese las siguientes ideas en español. ¡OJO! Hay que escoger entre la voz pasiva con **ser** y la pasiva refleja; no es posible usar una construcción pasiva en todos los casos.

1. The children were given special help in the afternoons. _____
   _____

2. These stories were read last semester. What is being read this term?
   _____

3. During the holiday season (**las fiestas**), the houses will be decorated and traditional foods will be prepared by the women of the village. _____
   _____

4. Nothing like that had ever been seen before. _____
   _____

5. The government was toppled (**derribar**) by leftist forces (**las fuerzas izquierdistas**)._____
   _____

6. This sweater was made for me by my grandmother. _____
   _____

7. All of my friends were invited to the party. Even Puccini the dog was invited! _____
   _____

8. The invitations were sent out on Friday._____
   _____

9. The sun and the moon have always been worshipped (**adorar**) by primitive peoples. _____
   _____

10. The rest of the money has not been discovered. _____
    _____

Un poco de todo

❖ **Actividad.** Exprese las siguientes ideas en español, utilizando técnicas para evitar las oraciones demasiado simples. Busque oportunidades en donde pueda utilizar el participio pasado para variar el estilo de las oraciones; escoja entre las formas pasivas, reconociendo que a veces el contexto puede pedir la voz activa.

VOCABULARIO ÚTIL

to become allied with **aliarse con**

business world **el mundo de los negocios; las empresas**

pragmatism **el pragmatismo**

protagonist **el/la protagonista**

to see beyond **ver más allá**

1. According to an article that was published several years ago in a Spanish magazine, in the protagonists of *Don Quijote* one can recognize types found in the business world. _____

   _____

   _____

   _____

   _____

2. For example, you can observe in Don Quijote and Sancho Panza the complementary qualities that are required in any good team.

   _____

   _____

   _____

   _____

3. Educated at the University of Salamanca, **el bachiller** Sanson Carrasco is the personification of pragmatism, someone without ideals or worries. Situated within a business context, he would be the professional who can't see beyond immediate results; the person who typically is content with the status quo. _____

   _____

   _____

   _____

   _____

4. The **cura** and the **barbero** are allied with **el bachiller** Sanson Carrasco. They represent the kind of workers who prefer to do things the easy way or the way things have always been done; they are likely to resist initiatives toward change. _____

_____

_____

_____

_____

_____

5. And Dulcinea? She is found in the corporate context, too, not as a flesh and blood person but rather as a particular style of behavior, seen, for example, when new people are hired and their good qualities are idealized while their defects may be overlooked._____

_____

_____

_____

_____

_____

CORRECCIÓN DE PRUEBAS: FORMAS

Actividad. Lea cuidadosamente el siguiente pasaje. Analice las construcciones en *letra cursiva* y decida qué cambios pueden hacerse para corregir o dar un tono más formal y objetivo a lo escrito.

Muchas personas han hablado[1] del tema de la educación y *han dicho*[2] que tiene cada vez menos valor. Sin embargo, muchos datos que *han sido recogidos*[3] indican que el porvenir de las personas de baja escolaridad tiene grandes limitaciones. *Tú puedes ver*[4] que el desempleo *es encontrado*[5] más entre los grupos que no han tenido la oportunidad de educarse. El problema, aunque no *es entendido*[6] completamente, es muy severo. Parece haber una relación íntima entre la preparación escolar y el éxito económico. Por ejemplo, datos estadísticos que *han sido recogidos*[7] en todo el país demuestran que *tú puedes*[8] notar claramente las diferencias de remuneración entre las personas que terminan los estudios universitarios y las que abandonan los estudios antes de terminar la escuela secundaria. *Es sabido*[9] que, aunque hay excepciones, *la gente debe*[10] valorizar los estudios en este mundo moderno.

1. _____
2. _____
3. _____
4. _____
5. _____
6. _____
7. _____
8. _____
9. _____
10. _____

ᕑᕑᕑᕑᕑᕑᕑᕑᕑᕑᕑᕑᕑ

EN SU LIBRETA. . .

siga estos mismos pasos para revisar el borrador de su propio escrito para la tarea de este capítulo.

REPASO DE VOCABULARIO ÚTIL: EL ANÁLISIS Y LA CLASIFICACIÓN

VOCABULARIO PARA EL ANÁLISIS Y LA CLASIFICACIÓN	
Análisis	
Criterios de análisis:	
componerse de; comprender	descomponerse en
consistir en (una idea o concepto)	dividirse en
constar de (enumeración de varias partes o conceptos)	formarse de
	separarse en
Algunos elementos en que se divide una entidad:	
el aspecto	el nivel
el elemento	la parte
el estrato	el segmento
la función	
Clasificación	
Criterios de clasificación:	
agruparse en	clasificarse (por, según, atendiendo a)
asignarse a diferentes clases	
Grupos o clases:	
las categorías	los grupos
las clases	los órdenes
las especies	los tipos
los géneros	

Actividad. Escriba de nuevo las siguientes oraciones, sustituyendo la palabra o frase en *letra cursiva* por otra de la lista del vocabulario para el análisis y la clasificación. Haga otros cambios que crea necesarios.

1. El gobierno estadounidense *tiene* tres ramas principales: la judicial, la legislativa y la ejecutiva. _____

   _____

   _____

2. Los animales *o son* vertebrados (tienen vértebras) *o son* invertebrados (no las tienen). _____

   _____

   _____

3. En toda exposición se *encuentran* una introducción, un cuerpo y una conclusión. _____

_____

_____

4. *Hay* árboles frutales *y* árboles ornamentales. _____

_____

5. *Hay* artes visuales *y* artes auditivas. Las artes visuales *son* la pintura, la escultura y la arquitectura. Las artes auditivas *son* la música instrumental y la música vocal. _____

_____

_____

_____

6. Las ciencias sociales *incluyen* la psicología, la sociología, la antropología y la lingüística. _____

_____

_____

7. El régimen que uno debe seguir para bajar de peso *es* ponerse a dieta y hacer ejercicio diariamente. _____

_____

_____

8. En los países de las zonas tropicales el clima *no se distingue* tanto por la estación del año como en nuestro país. También *hay* diferencias causadas por la lluvia y la altitud. _____

_____

_____

9. El entrenamiento de un policía *es* en parte físico, en parte intelectual y en parte psicológico. _____

_____

_____

10. *Hay* dos tipos de lagos. *Hay* lagos de agua dulce y también de agua salada. _____

_____

_____

CORRECCIÓN DE PRUEBAS: EL LENGUAJE Y LA EXPRESIÓN

❖ **Actividad.** Revise y corrija el siguiente pasaje, prestando atención especial a los usos de la voz pasiva con **ser,** la voz pasiva refleja y la reflexiva impersonal. Subraye lo que se debe cambiar y utilice el espacio a la derecha para escribir las correcciones.

Texto: Los deportes en la universidad

Cambios sugeridos

Muchas personas creen que los deportes no deben ocupar un lugar tan importante en el programa universitario. Debemos visitar las universidades para saber lo que la gente dice allí. En la opinión de muchos estudiantes, los deportes sí deben incluirse en el programa universitario. Los deportes no son rechazados como algo sin valor, sino que son considerados como una parte importante de la «experiencia universitaria». En las clases, los estudiantes son enseñados cosas importantes como la historia y la física. Pero, según ellos, no se aprende todo de los libros. En la competencia deportiva el estudiante es dado la oportunidad de aprender sobre la cooperación y el valor de un esfuerzo en conjunto. Si los deportes son eliminados del programa universitario, muchos estudiantes son privados de una experiencia positiva.

Capítulo 4

La exposición (Parte 2)

Primera etapa: Antes de redactar

TÉCNICAS Y ESTRATEGIAS

I. La precisión al escribir una tesis

Una tesis bien escrita contiene:

1. un tema limitado

2. un comentario preciso

EJEMPLO:

Tema limitado:	Los pastores alemanes se utilizan para guiar a los ciegos
Comentario preciso:	porque son fuertes, inteligentes y nobles.

Note la diferencia entre la tesis ya citada y la siguiente.

Tema general:	Los perros se utilizan para muchas cosas
Comentario impreciso:	por varias razones.

❖ **Actividad A.**   Limite el tema de cada una de las tesis que se presentan a continuación y precise el comentario sobre el mismo.

1. Los estudios son muy importantes.
(¿Qué estudios? ¿En qué forma son importantes?)

_____

_____

_____

2. Las dictaduras son malas para los países.
(¿Qué dictaduras? ¿En qué forma son malas? ¿Para qué países?)

_____

_____

_____

WWW *Rincón del escritor*
En el **Rincón del escritor,** bajo **Más lecturas, Capítulo 4,** hay nueve lecturas recomendadas en el libro de texto. Estas lecturas ofrecen más información y otras perspectivas relacionadas a los temas que se exploraon en la **Primera etapa del** *Capítulo 4* del libro de texto. Si no lo ha hecho ya, ¡léalas!
www.mhhe.com/composicion5

3. El sistema judicial no considera a las víctimas de los crímenes.
(¿Qué sistema judicial? Explique lo que en este caso quiere decir
considera.)

_____

_____

_____

4. La novela *1984* es muy interesante.
(¿Qué quiere decir **interesante**?)

_____

_____

_____

5. El problema del desempleo es muy grave.
(Limite: Hable del problema con relación a un solo lugar. Precise
la palabra **desempleo.** ¿Qué tipo de desempleo? ¿masculino?
¿juvenil? ¿estudiantil? Explique lo que quiere decir **grave.**)

_____

_____

_____

❖ **Actividad B.** Elabore una tesis precisa para cada uno de los siguientes
temas generales.

1. El divorcio

_____

_____

_____

2. La democracia

_____

_____

_____

3. El prejuicio

_____

_____

_____

4. El crimen

_____

_____

_____

5. Las drogas

_____

_____

_____

_____

II. El paralelismo en la comparación y el contraste

Antes de escribir una comparación o un contraste, es preciso hacer una lista de las características de los dos objetos, ideas o aspectos que se van a comparar, para que haya un balance exacto entre las características de estas entidades. Es decir, no se incluye una característica de la entidad _X_ a menos que la entidad _Y_ tenga una característica paralela con la que pueda hacerse una comparación o un contraste.

❖ **Actividad A.** Complete los siguientes esquemas, teniendo cuidado de presentar características paralelas.

_X:_ El pintor

1. _utiliza pinceles y pintura_

2. _____

3. _trabaja lentamente_

4. _____

5. _____

6. _____

_Y:_ El fotógrafo

1. _____

2. _saca fotos de cosas o personas_

3. _____

4. _____

5. _____

6. _____

_X:_ La bicicleta

1. _es un vehículo_

2. _es un medio de transporte_

3. _____

4. _____

5. _____

6. _____

_Y:_ El automóvil

1. _es un vehículo_

2. _____

3. _tiene cuatro ruedas_

4. _____

5. _____

6. _____

_X:_ La democracia

1. _____

2. _____

3. _____

4. _____

5. _____

6. _____

_Y:_ Los sistemas totalitarios

1. _____

2. _____

4. _____

4. _____

5. _____

6. _____

❖ **Actividad B.** Después de completar los esquemas anteriores, determin[ ]
qué incluiría Ud. en una composición sobre uno de esos tres temas.
Ordene los detalles en el esquema y elimine aquellos aspectos de poca
importancia. Escriba su esquema ya revisado en el siguiente espacio.

_____

_____

_____

_____

_____

_____

_____

_____

_____

_____

_____

_____

_____

_____

_____

_____

_____

III. La presentación lógica de la causa y el efecto

Al escribir una exposición con base en la causa, es importante distinguir
entre una relación causativa y una simple relación de orden. Es decir,
el hecho de que una acción anteceda a otra no implica que la primera
sea necesariamente la causa de la segunda, ni que la segunda sea
consecuencia de la primera.

Otro error de lógica es interpretar como causa lo que es simple
coincidencia de circunstancias: si una madre trabaja y sus hijos sacan
malas calificaciones en la escuela, no se debe llegar inmediatamente a
la conclusión de que las bajas calificaciones de los hijos se deban al
hecho de que la madre trabaje. Puede ser un caso de coincidencia, sin
ninguna relación entre las dos circunstancias.

❖ **Actividad.** Las siguientes declaraciones se presentan como observaciones
con base en la causa y el efecto. Analícelas con cuidado. Identifique la
causa y el efecto propuestos en cada caso. ¿Le parece que existe una
relación válida y lógica? ¿Por qué sí o por qué no? ¿Qué otros datos
debe tomar en cuenta el escritor?

1. La enseñanza del inglés en todas las escuelas norteamericanas debe ser obligatoria. Los individuos que no pueden expresarse en el «inglés estándar» generalmente progresan menos en esta sociedad que los que sí dominan esa lengua.

_____

_____

_____

_____

_____

_____

2. Los efectos de la comunicación televisiva son enormes. Durante la década de los sesenta, se prohibieron los anuncios a favor de los cigarrillos. Hoy, cuarenta años más tarde, el número de fumadores entre la población norteamericana ha bajado de modo significativo.

_____

_____

_____

_____

_____

_____

3. Los jóvenes de hoy miran televisión mucho más que sus padres y por lo tanto leen mucho menos. Por eso, el promedio de las calificaciones en el examen SAT ha ido bajando en forma progresiva.

_____

_____

_____

_____

_____

_____

4. Muchos deportistas y artistas profesionales siempre llevan una prenda de ropa o joyería muy particular durante un partido o una función. Están convencidos de que esa prenda es un talismán de buena suerte que influye en sus triunfos.

_____

_____

_____

_____

_____

_____

_____

5. Según algunas personas, vale la pena introducir en las escuelas norteamericanas algunas de las técnicas y métodos de enseñanza usados por los asiáticos, ya que los estudiantes japoneses siempre les ganan a los estudiantes norteamericanos del mismo nivel.

_____

_____

_____

_____

_____

_____

ASPECTOS ESTILÍSTICOS

El estilo y la estructura de la oración: La combinación de oraciones por medio de las conjunciones adverbiales

a condición de (que)	con tal de (que)	por eso	ya que
a fin de (que)	en caso de (que)	porque	
a menos que	para (que)	puesto que	
así que	por	sin que	

Actividad A. Analice cada par de oraciones de la siguiente actividad. Escoja tres de las conjunciones adverbiales indicadas en la tabla anterior y utilícelas para combinar el par de oraciones originales de tres maneras diferentes. No cambie el significado comunicado por las oraciones originales. ¡OJO! Algunos de estos adverbios piden el uso del subjuntivo. Si quiere, puede trabajar con un compañero / una compañera de clase.

MODELO: Los sindicalistas estaban furiosos. No consintieron en reunirse con el gerente. (ya que, por eso, por)

→ *Ya que* los sindicalistas estaban furiosos, no consintieron en reunirse con el gerente.

→ Los sindicalistas estaban furiosos *y por eso* no consintieron en reunirse con el gerente.

→ *Por* estar furiosos, los sindicalistas no consintieron en reunirse con el gerente.

1. Los científicos descubrieron / vieron un problema con el experimento. Querían resolverlo antes de continuar.

2. Los equipos deportivos universitarios requieren la inversión de mucho dinero. Atraen a un gran número de aficionados.

3. Haz más ejercicio y baja de peso. No sufrirás de tantos achaques físicos.

4. Las decisiones económicas aseguran el bienestar de la empresa. Deben hacerse con cuidado.

5. La gobernadora del estado prometió hacer cambios. Piensa nombrar a sus partidarios a puestos importantes dentro de su administración.

6. Los conferencistas llegaron a tiempo. La sesión fue bien recibida.

7. No nos preocupamos por la supervivencia de las especies biológicas menos conocidas. Hay una crisis.

Actividad B.   Junte las oraciones por medio de una de estas conjunciones: **como, con tal que, hasta que, antes de que** o **por menos que.** ¡OJO! Algunos de estos adverbios exigen el uso del subjuntivo.

1. Es alta. Será buena jugadora de baloncesto.

2. Mañana vienen. Prometemos escucharlos.

3. Nos dedicamos a la práctica. No seremos músicos.

4. Francisco terminó la carrera. Llovió.

5. Quédate aquí. Llegará un taxi.

6. Tendremos que amanecer. No he terminado la lectura para la clase.

7. No comprenderá esa teoría. Se la explican.

8. No podré comprar la pintura. Ganaré más dinero.

❖ **Actividad C.**   Combine en forma lógica las siguientes oraciones para formar una o dos oraciones compuestas. Haga los cambios necesarios.

1. Mi hermano tiene un perro. Ese perro se llama Hooper. Es muy listo. Mi hermano lo ha entrenado. Puede hacer muchas maromas.

2. El año escolar dura desde septiembre hasta fines de abril. Durante el año escolar espero con ansiedad el primer día de mayo. Solamente en verano puedo disponer de tiempo para mí solo.

3. Escribir un buen ensayo es un arte. Exige mucha práctica y paciencia. Un buen ensayo se basa en la creatividad, además de la razón.

4. El reggae es una forma de música derivada en parte del calypso. Tiene sus orígenes en la isla de Jamaica. Sus temas principales son la opresión y la libertad. Bob Marley y Peter Tosh son dos de sus intérpretes más conocidos.

5. Hoy en día, muchas ciudades apoyan el desarrollo del arte público. Para ello reservan un porcentaje del dinero conseguido en las emisiones de bonos para el arte. El arte público generalmente

consiste en esculturas al aire libre o murales. Se encuentra en plazas, en parques, frente a los edificios de algunas corporaciones y en paradas de autobuses.

INTERACCIONES LECTOR/ESCRITOR

Introducciones y conclusiones

Como se vio en el capítulo anterior, la oración temática en un párrafo limita el tema para el escritor y le sirve de guía al lector: anuncia (o a veces resume) la idea principal que se desarrolla en el párrafo. La introducción y la conclusión tienen estas mismas funciones con respecto al texto en su totalidad. Sirven, además, otras dos funciones. La introducción puede atraer la atención o despertar el interés del lector; la conclusión representa un momento para agregar un comentario personal del autor.

To add smthing

❖ **Actividad A.** A continuación aparecen dos posibles introducciones para un ensayo sobre los problemas con que se enfrentan las ciudades grandes de Latinoamérica. ¿Cuál de estas introducciones le parece a Ud. que es la mejor? ¿Por qué?

in due course?

1. Las principales ciudades de Latinoamérica se enfrentan hoy en *design* día con una serie de problemas debido a su antiguo diseño y al impacto de la vida moderna. Los problemas más serios son la congestión del tránsito vehicular, la falta de parques de estacionamiento para los coches, la contaminación del aire y el exceso de *noise* ruido. Se examinará cada uno de estos problemas en más detalle.

2. Las principales ciudades de Latinoamérica se enfrentan hoy en día con varios problemas graves. Este trabajo examinará cuatro de los más importantes en más detalle: la congestión del tránsito, la falta de parques de estacionamiento, la contaminación del aire y el exceso de ruido.

La primera tiene más detalles. Dice porque hay problemas y que son.

El segundo es más general. No me interesa. Es tan general que no me interesa. Corto y seco

seco

❖ **Actividad B.** Lea el siguiente texto y los posibles párrafos de conclusión que se ofrecen. ¿Cuál de las conclusiones le parece a Ud. que es la mejor? ¿Por qué?

Texto: El sistema penitenciario

postpone (handwritten margin note)

grille/bar (handwritten margin note)
unemployment (handwritten margin note)

Neither (handwritten margin note)

El sistema penitenciario en vigencia no resuelve, en realidad, el problema del crimen, sólo lo posterga un rato. El criminal, en un momento dado, tiene derecho a volver a la sociedad, y muchos de estos individuos salen de la cárcel con más propensión al crimen que antes de haber sido encerrados.

Vivir en una cárcel no le enseña al individuo a funcionar en un mundo libre. El individuo tiene que pasar años y años en un lugar aislado de la sociedad; hacia donde él mire hay barreras y rejas que coartan su libertad. El encarcelamiento tampoco lo ayuda a aprender un oficio u ocupación. Además del aislamiento, la prisión es un mundo lleno de tensiones y violencia y desocupación. En el caso de los individuos más jóvenes que han tenido que cumplir penas cortas, se ha comprobado que, como resultado de la inactividad, aumenta el potencial de delincuencia de estos reclusos. Ocurre que no sólo perfeccionan las técnicas que ya conocían, sino que aprenden otras nuevas.

But (handwritten)
Condemn/sentence (handwritten)

1. Al condenar a un individuo a prisión por algún delito, lo hacemos esperando que este individuo al término de su encarcelamiento podrá reintegrarse como un ciudadano útil a la sociedad. No obstante, y para daño de la sociedad, esto no es lo que ocurre.

Nonetheless (handwritten)
Nevertheless (handwritten)
to Hurt (handwritten)

idea/algo (handwritten)
nuevo (handwritten)

2. No hay duda que para algunas personas el encarcelamiento es justificado por un sentimiento popular de venganza. Sin embargo, es hora de reconocer que esta antigua respuesta al crimen es, a la larga, ineficaz e imprudente. Es necesario buscar medidas que erradiquen la delincuencia y no que la perpetúen.

consecuence. (handwritten)

La segunda tiene una idea nueva y suggests propone una attem cambia el

El parafo tiene detalles por que es necesario y la conclusión dice que es necesario

Actividad C. Lea los párrafos a continuación e indique cuáles de ellos son introducciones y cuáles no lo son. Explique por qué en cada caso.

1. La danza es una de las bellas artes que se expresa mediante el movimiento del cuerpo humano. Se desarrolló en sus orígenes prehistóricos como una práctica de la magia. Al organizarse el culto religioso se convierte en un rito o danza ritual.

   (de *Cultura y espíritu*, Santiago Hernández Ruiz et al.)

   Introducción.
   Hay detalles — Comienza general y sigue con detalles.

2. Conocida desde la prehistoria, dejó en esta edad creaciones de alto valor estético en cuevas y yacimientos arqueológicos, como las representaciones animalísticas de las Cuevas de Altamira. En estos tiempos la pintura no se hizo con un afán estético de expresión, sino como un medio mágico relacionado con la necesidad de matar al animal enemigo y nutricio.

   (de *Cultura y espíritu*, Santiago Hernández Ruiz et al.)

3. En Egipto aparece la escultura sepulcral y religiosa como *Sculpture deathly* elemento dominante de la propia vida. En Asiria las figuras *own* humanas y de animales son concebidas con un realismo *Conceived.* extremado y muestran un concepto nuevo del arte.

   (de *Cultura y espíritu*, Santiago Hernández Ruiz et al.)

   Conc.

4. *Similar* El arte es un medio de comunicación del hombre con sus semejantes, creado por la imaginación. También puede definirse como *cover* la expresión de la emotividad creadora. Abarca todas las esferas *sphere Creator* de la actividad humana, desde la artesanía hasta la industria y desde la religión hasta la pedagogía.

   (de *Cultura y espíritu*, Santiago Hernández Ruiz et al.)

Segunda etapa: La redacción y la revisión de las versiones preliminares

PLAN DE REDACCIÓN: LA EXPOSICIÓN

❖ **Actividad.** Si Ud. no ha completado todavía un plan de redacción para la tarea de este capítulo, complételo a continuación, siguiendo los pasos de la *Segunda etapa* del *Capítulo 4* libro de texto.

PLAN DE REDACCIÓN: LA EXPOSICIÓN

1. El tema: _____

2. La idea principal que quiero comunicarle a mi lector (la tesis): _____
_____

3. Mi propósito como escritor: _____
_____

El lector y su propósito al leer: _____
_____

Cinco preguntas cuyas respuestas el lector busca en el escrito:

- _____
- _____
- _____
- _____
- _____

4. La información (<u>la evidencia</u>) y su organización: ¿Sirve la información del texto para explicar y apoyar la idea principal? _____
_____

¿Cómo se organiza la información del texto? ¿Se utiliza la comparación y el contraste? ¿la causa y el efecto? ¿otro tipo de organización o combinación de organizaciones? _____
_____

EN SU LIBRETA. . .

si Ud. no ha completado todavía el borrador para la tarea de este capítulo, complételo ahora.

¿Se presenta la información de cada párrafo lógicamente? _____

_____

5. ¿Qué propósitos tiene la introducción: entretener, llamar la atención del lector, presentar la tesis y/o los puntos principales del texto u otra cosa? ¿Es efectiva? ¿Qué propósitos tiene la conclusión: repetir los puntos principales del texto u ofrecer unas nuevas perspectivas? ¿Es efectiva?

_____

_____

_____

_____

CORRECCIÓN DE PRUEBAS: CONTENIDO Y ORGANIZACIÓN

❖ **Actividad.** Una estudiante de tercer año ha escrito una exposición en la que presenta una comparación entre las universidades grandes y las pequeñas. Escribe para sus compañeros de clase (es decir, para un público que lee por interés).

Conteste la primera pregunta antes de leer el texto. Una vez leída y analizada cuidadosamente la exposición, conteste las demás preguntas. Después complete el plan de revisión.

1. Ud. es el lector pensado. Identifique cuál es su propósito al leer la exposición.

Propósito: _____

Apunte aquí cuatro o cinco preguntas relacionadas con su propósito cuyas respuestas buscará Ud. en la exposición. Después, siga con el análisis. _____

_____

_____

_____

_____

Texto: ¿Es mejor que la universidad sea grande o pequeña?

Análisis

Las universidades grandes, por su tamaño, ofrecen muchas más ventajas que las universidades pequeñas.

En las universidades grandes hay oportunidades para muchas más actividades para los estudiantes. Las actividades son variadas y llaman la atención de todos los que asisten a la universidad. Por eso, es claro que un estudiante nuevo conocerá a otros que tengan los mismos intereses.

Cuando un estudiante se encuentra con personas distintas de lugares diferentes, aprende más sobre la vida, la cultura y las ideas de otra gente.

También es probable que el estudiante tenga la oportunidad de aprender más. Las universidades grandes ofrecen mayor número de cursos y más variados que las universidades pequeñas. La variedad es necesaria para tener más opciones cuando se trata de la educación.

Las universidades grandes le ofrecen otras alternativas al estudiante. Estas alternativas les dan a los estudiantes muchas ventajas. Por eso las universidades grandes ofrecen más ventajas que las universidades pequeñas.

2. ¿Acierta el escritor en contestar sus preguntas? ¿Contesta todas?

_____

_____

3. ¿Cuál es la idea principal que el escritor intenta expresar en este borrador?

_____

_____

_____

4. ¿Se relaciona toda la información directamente con la idea principal? De lo contrario, ¿qué parte(s) no viene(n) al caso?

_____

_____

_____

5. ¿Hay partes sobre las cuales le gustaría a Ud. tener más información (explicación, ejemplos, detalles)?

_____

_____

_____

6. ¿Hay partes del texto en que de repente se encuentre Ud. «perdido/a»?

_____

_____

_____

7. Haga rápidamente un bosquejo del texto en su totalidad. ¿Le indica lugares donde la organización del texto deba cambiarse?

_____

_____

_____

8. ¿Captó su interés la introducción de manera que quiso Ud. seguir leyendo?

_____

_____

_____

9. ¿Le sirvió la conclusión como buen resumen de la información en el texto? ¿Lo ayudó a Ud. a comprender la importancia del tema para el escritor?

_____

_____

_____

10. ¿Qué parte(s) del borrador le gusta(n) más?

_____

_____

_____

ESTRATEGIAS PARA LA REVISIÓN

La revisión en colaboración: El plan de revisión

❖ **Actividad.** Empezando con este capítulo, Ud. puede hacer el papel de lector-compañero/a para el borrador del texto «Es mejor que la universidad sea grande o pequeña?» (si prefiere, haga el papel de lector-compañero/a para el borrador del texto que escribió un compañero o una compañera de clase). Organice su comentario completando el siguiente plan de revisión. ¿Qué sugerencias le puede ofrecer?

PLAN DE REVISIÓN: _____

[*NOMBRE DEL TEXTO*]

POR _____

[*NOMBRE DEL AUTOR O LA AUTORA*]

1. Comentarios positivos sobre el texto, ya sea en su totalidad o relacionados con alguna parte en particular (sea lo más específico posible):

2. La idea principal del texto:

   • ¿Qué intenta explicar o defender la idea principal del texto?

   • ¿Sirven todos los datos incluidos para defender la tesis?

   • ¿Resulta una defensa convincente?

3. La organización de los datos:

   • ¿Es la organización de datos una comparación y contraste, una explicación de causa y efecto u otra?

   • ¿Le parece clara la organización de datos?

   • ¿Le parece una manera efectiva de presentar la información?

4. Los lectores quieren saber lo siguiente con respecto a esta historia o este tema (marque la caja con este símbolo ✓ si el texto contesta la pregunta):

   ☐

   ☐

   ☐

   ☐

5. Comentarios constructivos sobre el texto:

   • detalles o datos que necesitan agregarse, reorganizarse o cambiarse

   • cambios que podrían hacer más vivo y efectivo el lenguaje

---

- cambios que podrían hacer más efectiva la introducción

- cambios que podrían hacer más efectiva la conclusión

6. Otros cambios que se recomiendan:

La autorrevisión con una lista de control

❖ **Actividad.** Si Ud. no ha completado todavía una lista de control para la tarea de este capítulo, ya sea la suya o la de un compañero / una compañera, complétela ahora. Puede usar las preguntas de la lista de control para la exposición de la **Segunda etapa** del **Capítulo 4** del libro de texto, o recopilar su propia lista, con preguntas diferentes, según los elementos que le parezcan más importantes.

LISTA DE CONTROL DE _____ PARA LA EXPOSICIÓN
[SU NOMBRE]
☐
☐
☐
☐
☐
☐
☐
☐
☐
☐
☐

Tercera etapa: La revisión de la forma y la preparación de la versión final

REPASO DE ASPECTOS BÁSICOS

Usos especiales de los complementos pronominales

Lo «sobreentendido»

En español, tanto como en inglés, se evita generalmente la repetición de sustantivos en un discurso. En español, el sujeto simplemente se omite, si no hay ambigüedad en cuanto al referente; el pronombre del complemento directo (*direct object*) reemplaza al complemento una vez que este queda claro dentro del contexto.

> Juan no quería llevar su **suéter** y por eso **lo** dejó en el carro. Por desgracia, cuando volvió a recoger**lo** ya no estaba. Alguien se **lo** había robado.

En inglés, el complemento de ciertos verbos puede quedar «sobreentendido» por el contexto. No es necesario expresarlo abiertamente.

1. "Can you do **this** for me?"
   "Yes, I can [**do that**]."
2. "**How much** does this cost?"
   "I don't know [**how much**], but I'll ask [**how much**]."
3. "This candidate seems **intelligent,** but he really isn't [**intelligent**]."

En español, estos complementos «sobreentendidos» se expresan de manera explícita.

1. —¿Me puedes hacer **esto**?
   —Sí, puedo hacérte**lo.**
2. —¿**Cuánto** cuesta esto?
   —No **lo** sé, pero **lo** voy a preguntar.
3. —Este candidato parece **inteligente,** pero en realidad no **lo** es.

Los siguientes verbos necesitan el pronombre **lo** para representar un complemento «sobreentendido».

creer	estar	preguntar	saber
decir	parecer	poder	ser

This text doesn't say.	Este texto no **lo** dice.
She should be tired, but she's not.	Debe estar cansada, pero no **lo** está.

> If you want to know, you'll
> have to ask.

Si **lo** quieres saber, tendrás que
preguntar**lo.**

En las siguientes construcciones en español, debe expresarse el **lo,**
aunque en inglés esté sobreentendido. Esta construcción es muy frecuente
en el español escrito. Compare los ejemplos que se dan a continuación.

INGLÉS	ESPAÑOL
As the title indicates, the main idea...	Como **lo** indica el título, la idea principal...
These tendencies, as recent studies demonstrate (suggest, point out, document), are beginning to...	Estas tendencias, según **lo** demuestran (sugieren, señalan, documentan) los estudios recientes, empiezan a...
These facts are widely accepted, as many authors have cited.	Estos hechos se aceptan como creencia general, como **lo** han citado muchos autores.

Actividad.   Exprese las siguientes oraciones en inglés. ¿Cómo se ha
expresado el complemento pronominal en cada caso?

MODELO: ¿Dónde fue enterrado el zar? En realidad nadie lo sabe. →
Where was the czar buried? Really, nobody knows. (The **lo**
has no equivalent in the English version.)

1. Hay que servir la ensalada al final, como lo hacen en España. _____

_____

2. Y los postres, si los hay, deben servirse con café. _____

_____

3. ¿Cuál es el secreto? ¡Dígamelo! _____

_____

4. Como lo demuestran los ejemplos, estos casos se dan con

frecuencia. _____

_____

_____

5. La solución es fácil, aunque no lo parezca. _____

_____

6. Ojalá que él pudiera controlar esas tendencias, pero sé que no

puede hacerlo. _____

_____

7. Todos deben estar contentos con su sugerencia y de verdad lo están.

_____

_____

8. Estos métodos, según lo aseguran los expertos, permiten una mayor eficacia. _____

_____

9. Si tienes suerte, puedes ganar; si no la tienes, pues... _____

_____

10. El resumen interpretativo no se propone sencillamente para comprimir la materia, como lo hace el resumen breve. _____

_____

Lo «redundante»

Generalmente, la función del complemento pronominal es *reemplazar* al complemento directo. Sin embargo, hay una construcción muy típica en la que el sustantivo y el pronombre ocurren en la misma oración. Cuando el complemento directo *precede* al verbo —lo cual es frecuente si el escritor quiere darle más énfasis, o simplemente variar su estilo— es necesario incluir también un complemento pronominal.

1. Esta solución no la entiendo.

2. Todos estos problemas los hemos visto ya.

3. (A) Los jóvenes hay que tratarlos con mucha paciencia.

En esta construcción, la forma del pronombre siempre concuerda en número y género con el sustantivo al que se refiere. Según lo demuestra el tercer ejemplo, si el complemento se refiere a una persona, la preposición **a** puede omitirse, especialmente en contextos informales.

Actividad. Cambie el orden de las palabras en las siguientes oraciones para que el complemento directo preceda al verbo. Haga los otros cambios en la oración que sean necesarios.

1. De verdad, hay que vivir esta experiencia. _____

_____

2. Ya archivé las copias; mandé llevar los originales. _____

_____

3. Encontramos este tipo de animal por toda la selva. _____

_____

4. Creo que pueden encontrar este libro en la biblioteca. _____

_____

5. Todos admiramos mucho al presidente. _____

_____

REPASO DE ASPECTOS GRAMATICALES

Si Ud. quiere repasar el subjuntivo, consulte la **Tercera etapa** del **Capítulo 4** del libro de texto.

El subjuntivo

Lo conocido versus *lo no conocido*

Actividad A. Estudie los siguientes pares de oraciones y explique la diferencia que hay en su significado.

1. a. Buscan un libro que trata ese tema.
 b. Buscan un libro que trate ese tema.

_____

2. a. Primero van a hacer el trabajo que es más importante.
 b. Primero van a hacer el trabajo que sea más importante.

_____

3. a. Dice que viene inmediatamente.
 b. Dice que venga inmediatamente.

_____

4 a. Ud. puede hacerlo cuando quiere.
 b. Ud. puede hacerlo cuando quiera.

_____

5. a. ¿Crees que lo sabe?
 b. ¿Crees que lo sepa?

_____

6. a. Trabajan hasta que lo terminan.
 b. Trabajarán hasta que lo terminen.

_____

7. a. Lo explican de modo que todos entienden.
 b. Lo van a explicar de modo que todos entiendan.

_____

8. a. Necesitan aprenderlo aunque es difícil.
 b. Necesitan aprenderlo aunque sea difícil.

_____

Actividad B. ¿Por qué se usa el subjuntivo o el indicativo en los siguientes casos?

1. Es importante que todos *sepan* la verdad. _____

_____

2. Debes estar listo en caso de que te *llamen*. _____

_____

3. Lo digo, no porque *quiera* ofenderte, sino porque *es* mi deber. _____

_____

4. Tiene una manera de hablar que nos *encanta*. _____

_____

5. Vaya Ud. al banco tan pronto como *pueda*. _____

_____

6. La vida no es aburrida; es que todos Uds. la *toman* demasiado en

serio. _____

_____

7. Todavía no han inventado la máquina que *pueda* hacer esta tarea.

_____

_____

8. La ley dispone que le *den* una sentencia muy severa. _____

_____

9. Por mucho que *cuesten,* siempre compra unos recuerdos para sus

sobrinitos. _____

_____

10. Me parece que su hija *estudia* en Harvard. _____

_____

Actividad C.   Exprese las siguientes oraciones en español. Preste
atención especial al contexto antes de decidir si se requiere el verbo
en el subjuntivo o en el indicativo.

1. I don't know anyone who washes windows anymore. _____

_____

2. It's important for everyone to be here before eight P.M. _____

_____

3. We know many students who work part-time during the school

year. _____

_____

4. Mr. Chávez doubted that his company could finish the project so

soon. _____

_____

5. We'll write to the Riveras as soon as we get their address. _____

_____

El subjuntivo de emoción y comentario personal

Actividad A. Explique el porqué del uso del subjuntivo o del indicativo en las siguientes oraciones.

1. Me parece mentira que *viva* con ella sin casarse. _____

_____

2. Dile que *pase* por mi oficina cuando *tenga* un momento. _____

_____

3. Aunque *es* muy buena persona, no es buen maestro. _____

_____

4. No tiene hermanos que *sepamos*. _____

_____

5. Opinan que el gobierno *necesita* nuevos líderes. _____

_____

6. Es triste que *trabaje* en un lugar que *es* tan deprimente. _____

_____

7. No lo puede entender; temo que *es* demasiado complicado. _____

_____

8. Espero que se *presente* un buen candidato antes de que *sea* demasiado tarde. _____

_____

9. *Suceda* lo que *suceda*, esta vez ellos no obedecerán al rey. _____

_____

10. *Salen* mañana, tal vez. _____

_____

11. Quiero vivir donde *haya* aire puro. _____

_____

12. No puedes comprar licor a menos que *tengas* veintiún años. _____

_____

Actividad B. Complete las siguientes oraciones con la forma correcta del verbo —ya sea en el indicativo, subjuntivo o infinitivo— según el contexto. ¡OJO! En algunos casos es posible que haya más de una respuesta.

1. Uds. no tienen que trabajar ya que _____ (ser) ricos.

2. Todos niegan que la situación _____ (ir) a ponerse peor.

3. Nadie _____ (poder) volar sin la ayuda de alguna

máquina.

4. Vamos a tener una fiesta; quizás _____ (servir: nosotros) sangría.

5. Que yo _____ (recordar), todavía no se ha casado.

6. ¿Conoces a alguien que _____ (tocar) el piano?

7. Es una pena que _____ (vivir) Uds. tan lejos.

8. A mis padres no les gusta que yo _____ (salir) contigo.

9. Vamos a terminarlo tan pronto como nos _____ (dar: ellos) permiso.

10. Probablemente _____ (ser: él) culpable, pero espero que ellos no lo _____ (castigar).

11. Es increíble que _____ (haber) tanta pobreza en el mundo.

12. Comprendemos que _____ (tener: ellos) problemas, pero no podemos aceptar que _____ (actuar: ellos) así.

Actividad C. Exprese las siguientes oraciones en español. Preste atención especial al contexto antes de decidir si se requiere el verbo en el subjuntivo o en el indicativo.

1. Everyone says that a cure will be found in a few years. _____

_____

2. I wish my girlfriend had a better car. _____

_____

3. He was sorry that I had lost my job. _____

_____

4. The reporters assured us that the president would be at the conference. _____

_____

5. She was afraid that they wouldn't have enough money to pay the rent. _____

_____

El subjuntivo en otras construcciones

Como ha quedado demostrado, el uso del subjuntivo responde a ciertas características específicas del mensaje: se usa el subjuntivo cuando se habla de algo no conocido o no experimentado y cuando se hace un comentario personal o emocional sobre una situación determinada. Pero además de lo anterior, el uso del subjuntivo también depende de una característica estructural: en la gran mayoría de los casos, el subjuntivo sólo ocurre en oraciones subordinadas.

Nadie **viene.**	*No one is coming.*
No hay nadie que **venga.**	*There is no one who is coming.*
Posiblemente **viene** más tarde.	*Possibly she is coming later.*
Es posible que **venga.**	*It is possible that she will come.*

Hay tres excepciones comunes a esta regla general.

1. ***Acaso, tal vez, quizá(s)*** (*perhaps*). Cuando estas expresiones *preceden* al verbo, este puede expresarse tanto en el indicativo como en el subjuntivo. El subjuntivo acentúa la duda y la incertidumbre. El verbo se conjuga en el indicativo siempre que le *siga* **acaso, tal vez** o **quizá(s).**

   Tal vez haya dicho la verdad.
   Ha dicho la verdad, tal vez. ⎬ *Perhaps you have told the truth.*

   No ha venido todavía; quizás esté enferma.
   No ha venido todavía; está enferma, quizás. ⎬ *She hasn't come yet; perhaps she is sick.*

2. ***La expresión de alternativas hipotéticas*** (*whether*). Se usa el subjuntivo en las expresiones que presentan alternativas hipotéticas. Con frecuencia este uso del subjuntivo corresponde a una construcción con *whether* en inglés.

Venga lo que venga, he tomado mi decisión.	*Come what may, I have made my decision.*
Sea médico o abogado, no es mejor persona que nosotros.	*Whether he's (Be he) a doctor or a lawyer, he's no better a person than we are.*
Mañana, hayan o no terminado el capítulo, tendrán un examen.	*Tomorrow, whether or not they have finished the chapter, they will have an exam.*

3. ***Para indicar una reserva personal*** (*as far as*). Se usa el subjuntivo en la construcción **que + saber (ver, recordar)** para expresar una reserva personal, equivalente a la expresión *as far as* en inglés. Ocurre con frecuencia en un contexto negativo.

Esta es la única manera, que yo vea, de solucionar el problema.	*This is the only way, as far as I can see, to solve the problem.*
No hay nadie, que ellos sepan, que esté mejor capacitado.	*There is no one, as far as they know, who is better qualified.*

Actividad. Exprese las siguientes oraciones en español. Preste atención especial al contexto antes de decidir si se requiere el verbo en el subjuntivo o en el indicativo.

1. As far as we know, there is no life on the moon. _____

   _____

2. Next week you'll have to give your speech, whether or not you're

   prepared. _____

   _____

3. Perhaps she called while we were out. _____

   _____

4. Margaret is, as I recall, the only college graduate in our office.

   _____

   _____

5. To avoid waiting for an hour we should, perhaps, make a dinner

   reservation. _____

   _____

El subjuntivo en oraciones condicionales

Actividad A. Complete las siguientes oraciones con la forma correcta del verbo, según el contexto.

1. Si Ud. _____ (tener) mucha hambre, ¿adónde iría a

   comer?

2. Ellos _____ (contestar) la pregunta si supieran la

   respuesta.

3. Si Adams _____ (ser) el segundo presidente, ¿quién

   fue el tercero?

4. Yo _____ (haber) llegado más temprano si no se

   _____ (haber) descompuesto el autobús.

5. Un día, si todavía _____ (existir) el mundo, haré un viaje

   a ese país.

6. Si Ud. _____ (tener) que escribir una biografía, ¿sobre

   quién la _____ (escribir)?

7. ¡Odio a ese tipo! ¡Siempre me habla como si _____ (ser)

   su inferior!

8. Si todos Uds. _____ (haber) leído el artículo, podemos

   comentarlo en clase.

Actividad B. Dé un equivalente en español para la expresión en *letra cursiva;* luego exprese las oraciones en inglés.

1. *Si hubieran preparado mejor los argumentos,* habrían ganado el

   debate. _____

   _____

2. Si no les hubieras insultado, *no te habrían dicho eso.* _____

   _____

3. *Habría sido preferible tomar otra decisión* si las circunstancias lo

   hubieran permitido. _____

   _____

4. *Si tuviera más apoyo político,* ganaría las elecciones. _____

   _____

5. *Si se hubiera sabido de la tragedia, se habría mandado ayuda.* ___

   _____

   _____

Actividad C. Exprese las siguientes oraciones en español. Preste aten-ción especial al contexto antes de decidir si se requiere el verbo en el subjuntivo o en el indicativo.

1. If they had been good workers, they would have finished long ago.

   _____

   _____

2. If Felipe earns enough money before July, we will go to Disney

   World. _____

   _____

3. If I were to give you $100.00, what would you do with it? _____

   _____

4. If there are so many apartments, why can't we find one? _____

   _____

5. The scientists said that if the volcanoes had not erupted in Mexico,

   we would have had better weather the last few years. _____

   _____

   _____

El uso de los tiempos con el subjuntivo

Sólo hay cuatro formas del subjuntivo: el presente (**hable**), el presente perfecto (**haya hablado**), el imperfecto (**hablara**) y el pluscuamperfecto (**hubiera hablado**). Por lo tanto, para poder expresar todas las posibilidades temporales que existen en el indicativo, cada forma del subjuntivo tiene varias funciones. Por ejemplo, el presente de subjuntivo puede referirse lo mismo a acciones presentes como también a acciones futuras. La interpretación depende tanto del contexto de la oración subordinada (**no creo que venga hoy** versus **no creo que venga mañana**) como del tiempo en que esté el verbo principal. Aunque existen ciertas variaciones regionales, se pueden ofrecer las siguientes generalizaciones con respecto a la correspondencia entre las formas del subjuntivo y la referencia temporal.

VERBO PRINCIPAL: PRESENTE, PRESENTE PERFECTO, FUTURO, FUTURO PERFECTO O MANDATO			
Realización del verbo subordinado	*Se usa*	*Ejemplos*	
Futura	Presente	No creo que **visite** mañana.	*I don't believe he'll visit tomorrow.*
Simultánea	Presente	No creo que **vivan** aquí.	*I don't believe they live (are living) here.*
Anterior (**visitó**)	Presente perfecto	No creo que **haya visitado.**	*I don't believe he visited.*
Anterior (**ha visitado**)	Presente perfecto	No creo que **haya visitado** ya.	*I don't believe he has visited yet.*
Anterior (**estaba**)	Imperfecto	No creo que **estuviera** allí.	*I don't believe he was there.*

VERBO PRINCIPAL: IMPERFECTO, PRETÉRITO, PLUSCUAMPERFECTO, CONDICIONAL O CONDICIONAL PERFECTO			
Realización del verbo subordinado	*Se usa*	*Ejemplos*	
Futura	Imperfecto	No creía que **visitara** más tarde.	*I didn't believe he would visit later on.*
Simultánea (**vivía**)	Imperfecto	No creía que **viviera** allí.	*I didn't believe he lived (was living) there.*
Anterior (**visitó / había visitado**)	Pluscuamperfecto	No creí que **hubiera visitado.**	*I didn't believe he visited (had visited).*

Actividad A. Forme nuevas oraciones, sustituyendo las palabras en *letra cursiva* por la expresión indicada entre paréntesis y haciendo a la vez todos los cambios que sean necesarios.

1. *Estoy seguro de* que ganarán el partido. (Dudo) _____

_____

2. *Sabemos* que estaba muy enfermo. (Es triste) _____

_____

3. *Tengo* un amigo que es cubano. (No tengo) _____

4. *Dicen* que lo aprendió en dos horas. (Es increíble) _____

_____

5. *Creían* que tenía veinte años. (No creían) _____

_____

6. *Les parecía* que sería buena idea. (Les parecía poco probable) _____

_____

7. Llegaron *varios* que lo habían visto. (nadie) _____

_____

8. *Es verdad* que se murió joven. (Es trágico) _____

9. *Se enteraron de* que poco a poco se moría. (Se pusieron tristes)

_____

10. *Vieron* una película que ha ganado diez premios. (Quieren ver) _____

_____

Actividad B. Exprese las siguientes oraciones en español.

1. **a.** We hope they will visit us next year. _____

_____

  b. We hope they are enjoying themselves. _____

_____

  c. We hope they went to the museum. _____

_____

  d. We hope they weren't making too much noise. _____

_____

2 . **a.** They doubted that he would do it. _____

_____

  b. They doubted that we understood. _____

_____

  c. They doubted that I had written to them. _____

_____

El uso del subjuntivo: Un poco de todo

Actividad. Complete las siguientes oraciones con la forma correcta del verbo —ya sea en el indicativo, subjuntivo o infinitivo— según el contexto. ¡OJO! En algunos casos es posible que haya más de una respuesta.

1. Un día me casaré con alguien que me _____ (querer) de verdad.

2. No es que _____ (ser: ellos) perezosos sino que no _____ (tener) experiencia.

3. Para que _____ (ver) Ud. su error, le voy a dar otra oportunidad.

4. Ellos desean _____ (asistir) a la reunión, pero es probable que _____ (tener) otro compromiso.

5. Dudan que el presidente _____ (resolver) la crisis pronto.

6. Puesto que _____ (tener) Ud. mucha experiencia, le vamos a dar el puesto.

7. Acaban de ver una película que _____ (burlarse) del tema.

8. Puede que _____ (estar) enfermo, pero no me lo creo.

9. Es posible _____ (traer) vino, ¿no?

10. Nos juntaremos cuando tú _____ (recibir) la carta.

11. Que yo _____ (saber), este es el único restaurante aquí que _____ (servir) comida mexicana.

12. Por mucho que _____ (trabajar: ellos), no pueden ganar.

13. Puedes hacer lo que _____ (querer: tú), con tal de que no _____ (romper: tú) nada.

14. El hecho de que este candidato _____ (haber) sido vicepresidente debe darle mucha ventaja sobre el otro.

15. Me parece horrible que _____ (tener: nosotros) que hacer tantos ejercicios sobre el subjuntivo. ¡Como si no _____ (tener: nosotros) otras cosas más importantes que hacer!

Un poco de todo: Los tiempos pasados, el subjuntivo y las formas pasivas o impersonales

Actividad. Complete el siguiente texto sobre una encuesta sobre el consumo cultural con la forma correcta de cada verbo.

En 2004, _____[1] (*was conducted:* hacer) un estudio en la Argentina sobre las tendencias en esa nación respecto a las costumbres y el consumo cultural. Es possible que Ud. _____[2] (*notice:* notar) algunas semejanzas entre los resultados del estudio argentino y algunas tendencias que _____[3] (*have been documented:* documentar) en los Estados Unidos.

La encuesta _____[4] (*revealed:* revelar) que a lo largo del año anterior, la mayoría de los argentinos —el 52 por ciento— no _____[5] (leer) un solo libro. Un número aún más grande —el 61,9 por ciento— no _____[6] (poder) nombrar a un escritor conocido. Del 48 por ciento restante (es decir, los lectores), la gran mayoría admitió que _____[7] (*had read:* leer) entre uno y cinco libros en un año. Resultó bastante raro que alguien _____[8] (leer) más de cinco libros en un año.

¿Quiénes son los lectores? _____[9] (*They were found:* Ubicar) entre los de mejor nivel socioeconómico y entre los de mayor edad (de 35 años en adelante). ¿Y qué libros _____[10] (*were cited:* citar) con más frecuencia? No sorprende que la lista _____[11] (*included:* incluir) algunos de «respuesta automática» como la Biblia y *Martín Fierro;* también _____[12] (*were mentioned:* mencionar), el «best seller» infantil Harry Potter y las novelas *El código Da Vinci* y *Cien años de soledad* y varios libros de autoayuda.

El estudio _____[13] (*related:* emparentar) el déficit de lectura en los adultos con dos factores. Primero, la crisis económica _____[14] (*caused:* hacer) que la lectura y la cultura _____[15] (figurar) en último lugar en la tabla de inversiones familiares, especialmente en las regiones lejanas o las ciudades pequeñas. Por mucho que la gente _____[16] (*recognized:* reconocer) el valor de la lectura y el consumo cultural, su

Los resultados de la encuesta se encontraron en un artículo titulado «Uno de cada dos argentinos no leyó un solo libro en el último año» publicado por Clarín.

realidad económica lo _____[17] (*was going to prevent it:* ir a impedir). El segundo factor que _____[18] (*was identified:* identificar) por los investigadores fue la dictadura militar de Pinochet. «Durante aquellos años», dijo Silvia Finocchio, «_____[19] (haber) un golpe muy importante contra la cultura letrada».

Si _____[20] (*were conducted:* hacerse) una encuesta similar en los Estados Unidos, serían similares los resultados? ¿Y la explicación de las causas?

CORRECCIÓN DE PRUEBAS: FORMAS

EN SU LIBRETA...

siga estos mismos pasos para revisar el borrador de su propio escrito para la tarea de este capítulo.

Actividad. Revise y corrija el siguiente pasaje, prestando atención especial a los usos del subjuntivo.

Conozco a un joven que acabe de graduarse en la Universidad de Iowa. Estudió por muchos años hasta que recibiera el título de arquitecto. Ahora busca un empleo que le permite desarrollar sus habilidades en ese campo. Sus amigos esperan que él tiene éxito en su búsqueda porque saben que es muy inteligente. Ellos no creen que hay otra persona que puede elaborar mejores planos o diseños. ¡Ojalá yo tenía tantas capacidades y tan buenos amigos! Sé que, por ahora, me falten muchos años de estudio. Tal vez un día también digan buenas cosas de mí.

REPASO DE VOCABULARIO ÚTIL: COMPARACIÓN/CONTRASTE; CAUSA/EFECTO; INTRODUCCIONES/CONCLUSIONES

VOCABULARIO PARA HACER COMPARACIONES O CONTRASTES	
a diferencia de	lo mismo... que...
al contrario	más/menos... que...
al igual que	no obstante
asemejarse a	parecerse a
compartir las mismas características	ser diferente de
de la misma manera	ser distinto a
del mismo modo	tan... como...
diferenciarse de	tanto... como...
en cambio	tener algo en común
en contraste con	

VOCABULARIO PARA LAS RELACIONES DE CAUSA Y EFECTO	
a causa de (que), debido a (que)	porque, puesto que, ya que
acabar + *gerundio*	responsabilizar
así que	el resultado
causar, desencadenar, originar, producir, provocar	resultar de, proceder de resultar en
como { consecuencia / resultado	se debe a (que)
culpar	ser responsable de
implicar	tras
por { consiguiente / eso / este motivo / lo tanto	

VOCABULARIO PARA INTRODUCCIONES Y CONCLUSIONES		
Las introducciones		

conviene		aclarar	investigar
es forzoso, conveniente, necesario, preciso, buena idea	+	conocer	poner de relieve, destacar
		examinar	precisar
		hacer notar	reconocer
importa		implicar, dar a entender	repasar
no vendría mal			responder a
			ver de cerca
con respecto a	se trata de	hay que tener presente, hay que tener en cuenta
en cuanto a	tiene que ver con	
en conexión con		por lo que se refiere a
	(no) viene al caso	en lo tocante a

Las conclusiones	
a fin de cuentas	en el fondo
al fin y al cabo	en realidad
bien pensado	en resumidas cuentas
como consecuencia, en consecuencia	en resumen
comoquiera que se examine el hecho	en todo caso
con todo	hay que tener en cuenta que, hay que tener presente que
de lo anterior... se deduce que	
de lo dicho... se desprende que	por consiguiente
de todos modos	por lo tanto
después de todo	resumiendo brevemente
en conclusión	se desprende que...
en definitiva	

Actividad A. Complete las siguientes oraciones con la palabra o frase que más convenga del vocabulario para hacer comparaciones o contrastes.

1. El rojo, _____ el azul, se considera un color cálido.

2. El té contiene cafeína _____ el café.

3. _____ Cervantes _____ Shakespeare se consideran escritores universales: no pertenecen ni a una sola nación ni a una sola época.

4. La primera mitad de su administración se distinguió en la política interna; _____, en el campo internacional fue un fracaso total.

5. Una leyenda _____ un mito, pero _____ este, la leyenda generalmente no trata de los dioses.

Actividad B. Lea el siguiente párrafo y complételo con la palabra o frase que más convenga de la lista que le sigue al párrafo.

En mi familia todo el mundo bebía café, _____[1] no era un café americano como el que bebo ahora _____[2] un café fuerte, negro, del Caribe. Era el primer aroma de la mañana. _____[3], mi abuelita colaba el primer café del día. _____[4] que hacía era poner el agua a hervir; _____[5] lavaba el colador y echaba en él el café acabado de moler. Cuando empezaba a hervir el agua, la pasaba por el colador lleno de café. Como el colador era de franela, el agua pasaba lentamente y _____[6] el café siempre tenía un aroma delicioso y un gusto rico. _____[7] tenía que prepararme muy rápidamente para la escuela, me gustaba sentarme en la cocina con mi abuela para hablar y gozar del aroma. Mi papá era el único que se lo bebía negro, con un poquito de azúcar. Los demás lo mezclábamos con una taza casi llena de leche bien caliente y azúcar. Todos, aun los niños, bebíamos café con leche; los más jóvenes con menos café, por supuesto. _____[8] no fuera muy bueno el café para los niños, _____[9] en una mañana fría de enero no había nada mejor. _____[10] me encanta el café _____[11] _____[12] no he podido encontrar un colador como el que usaba mi abuelita.

1. pero / sino / aún

2. pero / sino / aún

3. Por ahora / Generalmente / A lo mejor

4. Lo primero / En gran parte / Por fortuna

5. por ejemplo / luego / en buena medida

6. por eso / por el momento / por suerte

7. Ya que / Aunque / Todavía

8. Quizás / De ese modo / Puesto que

9. pero / sino / aún

10. En gran parte / Todavía / A lo mejor

11. aunque / por eso / así

12. afortunadamente / desgraciadamente / generalmente

❖ **Actividad C.** Examine los siguientes pares de dibujos. Luego escriba cuatro oraciones sobre cada par, utilizando el vocabulario para hacer comparaciones o contrastes, o el vocabulario para expresar causa y efecto.

1. a.   **b.**

_____

_____

_____

_____

2. a.   **b.**

_____

_____

_____

_____

3. Examine la foto abajo. Luego escriba en un papel aparte cuatro oraciones sobre ella, utilizando el vocabulario para hacer comparaciones o contrastes, o el vocabulario para expresar causa y efecto.

_____

_____

_____

_____

_____

_____

_____

Actividad D. Complete las siguientes oraciones con la palabra o frase que más convenga del vocabulario para introducciones. ¡OJO! En algunos casos se puede dar más de una respuesta.

1. Para poder comprender bien la política latinoamericana, _____ su historia económica.

2. Todavía existe mucha controversia _____ el valor de la educación bilingüe.

3. Siempre _____ el clima y la geografía cuando se habla de cualquier cultura humana.

4. De sus teorías literarias se sabe mucho, pero _____ sus convicciones políticas se sabe muy poco.

5. La energía nuclear es controvertible; _____ los argumentos más frecuentes.

Actividad E. Complete las siguientes oraciones con la palabra o frase que más convenga del vocabulario para conclusiones. ¡OJO! En algunos casos se puede dar más de una respuesta.

1. _____, la situación es complicadísima; _____ es mejor evitar llegar a conclusiones fáciles y rápidas.

2. _____ sin un programa de extensa ayuda médica la pequeña población que hoy apenas sobrevive no llegará a la próxima década.

3. Las implicaciones de esta situación son claras; _____ se llega a una sola conclusión: hay que acabar con las notas.

4. La danza es, _____, una de las formas más antiguas del arte.

5. _____, los hombres se han adaptado más a la compañía de los perros que estos se han adaptado a la compañía humana.

CORRECCIÓN DE PRUEBAS: EL LENGUAJE Y LA EXPRESIÓN

❖ **Actividad.** Revise y corrija el siguiente pasaje, prestando atención especial a los usos del subjuntivo, a la selección de **ser** y **estar** y al uso de los tiempos pasados. Subraye lo que se debe cambiar y utilice el espacio a la derecha para escribir las correcciones.

Texto: Los estereotipos

Cambios sugeridos

*E*stoy parte de un grupo estereotipado por otras personas. Mi familia es de Italia. Mis abuelos nacían en Roma y son muy religiosos. Yo nací en los Estados Unidos y no tengo las mismas opiniones ni creencias que tienen mis abuelos.

Algunos dicen que los italianos sean estúpidos y gordos, pero estos estereotipos son falsos. Nadie en mi familia sea gordo, pues no comemos todo el tiempo, pero hay personas que piensen que todos los italianos siempre comen.

Estos estereotipos preocupan a mis abuelos porque son muy italianos y son orgullosos de serlo. A mí no me preocupan porque soy más o menos americano y además escuché los estereotipos antes.

Es malo clasificar a las personas porque sean parte de un grupo étnico, pero es muy común.

Capítulo **5**

La argumentación (Parte 1)

Primera etapa: Antes de redactar

TÉCNICAS Y ESTRATEGIAS

I. El análisis de la posición contraria

Al escribir un ensayo argumentativo, es necesario que el escritor haya considerado de antemano la posición contraria para así poder reconocer y anticipar las objeciones que puedan existir. Al planear la redacción, es conveniente que el escritor haga un esquema comparativo tanto de las razones que sustentan la posición que defiende como de las de la posición contraria.

❖ **Actividad.** Examine los siguientes temas y las posiciones fundamentales que podrían derivarse de los mismos. Haga una lista de las razones o los criterios que mejor justifiquen cada posición.

Tema: los juegos olímpicos

Posición que se defiende: Para prepararse para los juegos olímpicos, los atletas necesitan dedicarse exclusivamente a su deporte y por eso deben recibir subvenciones públicas que les permitan hacerlo.

 Rincón del escritor

En el **Rincón del escritor,** bajo **Más lecturas, Capítulo 5,** hay tres lecturas recomendadas en el libro de texto. Estas lecturas ofrecen más información y otras perspectivas relacionadas a los temas que se exploraron en la **Primera etapa** del *Capítulo 5* del libro de texto. Si no lo ha hecho ya, ¡léalas!

www.mhhe.com/composicion5

RAZONES QUE APOYAN LA POSICIÓN QUE SE DEFIENDE	RAZONES QUE APOYAN LA POSICIÓN CONTRARIA
1. Es difícil trabajar y entrenarse para los juegos al mismo tiempo.	**1.** Los juegos olímpicos no deben ser para atletas profesionales.
2. Otros países subvencionan a sus atletas.	**2.** _____
3. _____	**3.** _____
4. _____	**4.** _____
5. _____	**5.** _____

Tema: la energía nuclear

Posición que se defiende: El uso de la energía nuclear no es siempre negativo. Si se usa de manera controlada, la energía nuclear puede beneficiar a la humanidad.

RAZONES QUE APOYAN LA POSICIÓN QUE SE DEFIENDE	RAZONES QUE APOYAN LA POSICIÓN CONTRARIA
1. _____ _____	1. _____ _____
2. _____ _____	2. _____ _____
3. _____ _____	3. _____ _____
4. _____ _____	4. _____ _____
5. _____ _____	5. _____ _____

*En la página 175 del libro de texto hay un ejemplo de una **columna editorial**.*

II. La columna editorial y la argumentación

Como se observó en el libro de texto, una columna editorial, al igual que un texto argumentativo, busca convencer al lector de la validez de una postura específica. La diferencia entre los dos estriba en que la columna editorial generalmente se limita a la presentación o exposición de una sola postura, mientras que la argumentación presenta también las posturas contrarias.

❖ **Actividad A.** Lea el texto «El lenguaje», que aparece a continuación. ¿Es un ensayo argumentativo o es una columna editorial? ¿Es efectivo (es decir, convincente) el texto? ¿Por qué sí o por qué no? ¿Qué técnicas utiliza el escritor para convencer al lector? ¿Utiliza el humor? ¿Es la voz del escritor creíble con respecto a este tema?

El lenguaje
por Antonio de Senillosa

Según la historia susurrada, que suele ser más veraz e instructiva que la gran Historia, existía en los jardines de Versalles una enorme jaula donde soportaba su cautividad un orangután. El cardenal de Polignac observó sus gestos que, como su aspecto y su mirada, eran tan humanos que distrajeron a Su Eminencia hasta el punto de olvidar sus rezos y pasarse más de una hora mirándolo fijamente. El orangután le hizo toda clase de monadas, le dio la mano, le aceptó un cigarrillo y el fuego que el cardenal le ofreció para que no fuera lo que ahora llaman un fumador pasivo; luego le pidió un escapulario y se lo colgó del cuello. Fascinado, el cardenal de Polignac le gritó: «*Háblame y te bautizo ahora mismo.*»

Tenía razón el cardenal. El lenguaje es el factor principal de nuestra superioridad sobre los demás animales, aunque es también un arma terrible. «*El hombre se halla tan indefenso ante la seducción de las palabras como ante una enfermedad infecciosa*», escribió Arthur Koëstler en *Jano*, libro escrito poco antes de su suicidio. El lenguaje da al pensamiento una potencia que lo fortalece, pero a causa de su enorme fuerza emotiva puede convertirse en el principal catalizador de la transformación del individuo en homicida.

Otras palabras degradan a diario nuestra convivencia estética. Padecemos una penosa atrofia de la escritura, soportamos unos discursos pedantes y pretenciosos que, algunos, no nos cansamos de ridiculizar. Pero, desgraciadamente, no existe una clínica del lenguaje donde internar a los delincuentes o enfermos gramaticales. Y, además, es preciso enriquecer el lenguaje ante las violentas interpenetraciones entre culturas y lenguas.

El lenguaje, como todo lo cultural, debe nacer y vivir de la sociedad y no del Estado, pues cuando el político toca la cultura la convierte en propaganda. Pero el Estado sí debe proveer la infraestructura necesaria para que pueda desarrollarse. Y por ello debe existir un organismo dotado de medios suficientes para asegurar la defensa, el enriquecimiento y la difusión internacional del idioma español. Menos gastos en centenarios y milenarios y más ocuparse de la lengua que es, a fin de cuentas, la respiración del pueblo y la huella más hermosa que dejamos en América.

❖ **Actividad B.** Abby, una estudiante de tercer año, acaba de leer «El lenguaje». Como no está de acuerdo con el punto de vista presentado en este texto, decide redactar un ensayo para exponer su propia opinión y defenderla. Para ello, va a desarrollar un argumento en contra las ideas del autor del texto «El lenguaje» y de las opiniones de otras personas que también defienden la existencia de una Academia de la Lengua. Lea a continuación la tesis que Abby se propone defender.

Tesis: La salud de una lengua viva no depende de la protección de una institución como la Real Academia de la Lengua

Ahora lea algunas de las ideas que ha apuntado Abby tanto a favor como en contra de la tesis. ¿Le parece a Ud. que todas son apropiadas para la tesis que ha formulado? Elimine cualquier punto que le parezca demasiado generalizado o que no esté relacionado directamente con la tesis.

• Lema de la Real Academia: «limpia, fija y da esplendor» al español.

• Actualmente, 400 millones de personas hablan el español; los españoles = sólo un 10 por ciento del total.

• Los otros «megalenguajes» (el chino, el inglés, el árabe, el hindi) florecen sin necesidad de una «policía lingüística».

• La Real Academia publica un diccionario que es visto como la última palabra con relación a lo que se considera, o no se considera, español.

- En la última edición del diccionario de la Real Academia se reconocen sólo unas 600 palabras nuevas de México; ¡un grupo de académicos mexicanos recientemente publicó una lista de casi 70.000 palabras nuevas!

- Octavio Paz: «Muchas naciones hablan la lengua castellana y la identifican como su lengua madre. Sin embargo, ninguno de esos pueblos tiene derechos exclusivos o derechos de propiedad sobre ella. El idioma pertenece a todos y a ninguno.»

- ¡¡Ser diferente ≠ estar enfermo!!

- Cambio lingüístico = proceso natural, característica de toda lengua viva.

- España se considera como el árbitro final en lo que concierne al idioma; existen dependencias de la Real Academia en la mayoría de los países latinoamericanos, pero están subordinadas a Madrid.

- 1868: Félix Ramos y Duarte publicó el primer diccionario de mexicanismos; la Real Academia lo describió como un compendio de terminología «viciada».

ASPECTOS ESTILÍSTICOS

El estilo y la estructura de la oración: Más práctica en las técnicas para combinar oraciones

Actividad A. Combine las oraciones en los párrafos que siguen para producir oraciones más largas y complejas. Se pueden utilizar los siguientes recursos.

Las conjunciones coordinadas	y, o, pero
Las conjunciones subordinadas	a condición de que, a fin de que, a menos que, así que, aunque, con tal de que, en caso de que, para que, por, por eso, porque, puesto que, sin que, ya que
El participio pasivo	Por ejemplo: terminado, abierto, destruido

MODELO: Los premios se habían anunciado. Los invitados empezaron a salir del gran salón. Habían disfrutado la noche entera. Todos estaban contentos con los resultados de la competencia. La decisión de los jueces sorprendió a muchos. →

Anunciados los premios, los invitados empezaron a salir del gran salón. Aunque la decisión de los jueces sorprendió a muchos, todos estaban contentos con los resultados de la competencia, ya que habían disfrutado la noche entera.

1. Hay muchas exposiciones caninas. Una de las más prestigiosas es la Exposición Canina de Westminster. Tiene lugar en Nueva York cada año, en febrero. Se presentan y se juzgan animales de pura sangre. Los animales que reciben los premios se juzgan según reglas muy estrictas. Los jueces son conocidos. Tienen muchos años de experiencia en criar y presentar animales a nivel nacional.

2. Las alergias a varias plantas (hierbas, árboles) molestan a un gran número de personas. Las plantas que florecen en el otoño y la primavera parecen producir más síntomas en los afligidos. Tosen, estornudan, se congestionan y sienten comezón en partes del cuerpo. Estas personas se quedan dentro de la casa con las ventanas cerradas. Toman medicinas o usan remedios caseros para aliviarse.

3. En muchas partes del país se encuentran parques nacionales. No se parecen los unos a los otros. Cada parque tiene características que ponen en relieve algún aspecto sobresaliente de la región. En Arizona es un cañón; en Wyoming son las aguas termales y los animales en su hábitat natural; en Florida es una región pantanosa; en Washington es una península donde hay glaciares cubriendo las montañas al lado de un bosque tropical templado; y, en Nuevo México son unas cavernas debajo del desierto. Estos ejemplos muestran la diversidad ecológica del país.

4. La temporada navideña dura desde mediados de diciembre hasta mediados de enero. La sigue la temporada de baile. Llegan a los teatros de nuestra ciudad unas cuantas compañías profesionales de baile. En los últimos dos o tres años han llegado compañías de baile clásico, moderno y folclórico. Representan muchos estilos y muchos países.

5. Los muchachos se gradúan de la universidad. Buscan trabajo. Algunos quieren volver a donde se criaron, otros no. Visitan a su familia de vez en cuando. Les gusta ser mimados por sus padres.

Actividad B. Lea cada una de las siguientes oraciones, luego divídalas en oraciones simples y recombínelas de una forma diferente sin cambiar el sentido original.

MODELO: Cuando llegaron a La Paz, después de haber hecho escala en varios aeropuertos pequeños sin cafeterías ni restaurantes, estaban tan agotados y tenían tanta hambre que no sabían qué sería mejor: comer o dormir. →

Oraciones simples: Llegaron a La Paz. Estaban muy agotados. Habían hecho escala en varios aeropuertos pequeños. Los aeropuertos no tenían cafeterías ni restaurantes. Tenían mucha hambre. No sabían qué hacer. ¿Sería mejor comer o dormir?

Oraciones recombinadas: Al llegar a La Paz, estaban muy agotados y tenían mucha hambre porque habían hecho escala en aeropuertos pequeños que no tenían cafeterías ni restaurantes, por eso no sabían si comer o dormir.

1. Me pasé mucho tiempo en el Internet tratando de obtener acceso a mi correo electrónico desde afuera del país para dejarle saber a mi familia que había llegado sin problema y que ya estaba gozando de las vistas, los sonidos y los aromas de este lugar tan bello, pero desgraciadamente no pude hacer la conexión ese primer día.

2. La organización Hábitat para la Humanidad construye casas para personas necesitadas en muchas comunidades alrededor del mundo con la ayuda de voluntarios, que pueden ser de la misma comunidad, representando iglesias, organizaciones fraternales, escuelas, universidades o empresas comerciales; también prestan servicio voluntarios de otras comunidades u otros países, tales como el grupo de personas jubiladas que viajan a través de los Estados Unidos en sus caravanas de casas rodantes para ayudar con la construcción donde más se necesite.

3. A principios del año 2003, llegó el Sr. Presidente de México al estado de Baja California Sur e inauguró un nuevo parque nacional, el Parque Nacional de la Isla Espíritu Santo —que consiste en esta isla y los islotes que la circundan— cuya meta principal es proteger las aves, los peces, las ballenas y una colonia grande de lobos marinos que viven ahí y en las aguas que lo rodean.

4. La profesión médica carece de un número adecuado de enfermeros y enfermeras para cuidar a los pacientes que se encuentran enfermos o en vías de recuperarse después de una cirugía, ya sea en los hospitales, los asilos para ancianos o en sus propios hogares; por lo tanto, hay una emergencia médica que sólo se podrá resolver atrayendo a las personas con mejores sueldos, beneficios y condiciones de trabajo.

5. Los que se interesan por la ecología se preocupan por el bienestar del planeta y, por eso, luchan contra los abusos de las industrias químicas y petroleras, la sobrepoblación y el desperdicio de los recursos naturales, especialmente el agua; en breve, quieren proteger, en la mayor medida posible, las bellezas y riquezas de nuestro mundo.

INTERACCIONES LECTOR/ESCRITOR

La credibilidad

Para lograr convencer a otra persona sobre algo, es necesario presentarse ante los ojos de esa persona como un individuo responsable y razonable. Esto significa establecerse como alguien que ha tomado en cuenta otras perspectivas del tema y que ha evaluado —o por lo menos ha intentado evaluar— los datos objetivamente. En resumen, hay que darse a conocer como un individuo cuyo punto de vista merece ser considerado.

A fin de establecerse como una voz creíble, no es necesario mantener un tono absolutamente neutro. Pero sí es preciso evitar un tono demasiado fuerte, ya que este puede implicar una perspectiva cerrada o parcial. Se debe evaluar pero no ofender o adular. El sarcasmo puede ser apropiado en un ensayo cómico, pero no en un ensayo argumentativo. En general, es preferible evitar el uso de la primera persona («yo pienso», «yo sé») y emplear formas más impersonales («piensan», «se sabe»).

❖ **Actividad.** Lea el siguiente texto con cuidado. ¿Le parece creíble la voz del escritor? Identifique las expresiones que ayudan a establecer el tono del texto.

 Publicar memorias...

No cabe la menor duda que publicar memorias se ha puesto muy de moda entre los más —y los menos— famosos del mundo entero.

La preparación y puesta en el mercado de un volumen de este tipo es un proceso simple y poco complicado. De buenas fuentes sé que sólo se buscan unas cuantas fotografías, se reflexiona sobre momentos recónditos del pasado y se comienza a relatar la vida de uno mismo a ese aparato electrónico tan útil: la grabadora. Con el texto ya grabado, se llama a algún escritor y se le pide que «edite» las memorias. Posteriormente, se publica la obra maestra con los adjetivos *sensacional, reveladora, escandalosa* y, así, de la noche a la mañana, las memorias de *X* se convierten en el libro más vendido de la semana y su sujeto en un «autor» de mucho éxito.

¿Qué le puede motivar a uno a descubrir ante un público desconocido los momentos triviales de una niñez más bien mediocre? Primero, el materialismo: motivados por el solo deseo de ganar dinero con sus historias, los famosos no tienen el más mínimo escrúpulo para revelar sus secretos más recónditos con el fin de vender miles y miles de copias de lo que ellos consideran su obra maestra. Segundo motivo (que ellos dicen ser el primero), el juicio de la historia: publican sus memorias impulsados por la imperiosa necesidad de contar —imparcial y objetivamente— *su* propia versión de la historia y corregir de este modo ante el público la imagen distorsionada que de ellos habrán creado los medios de comunicación.

Desgraciadamente, la ola de estos libracos va aumentando. Al parecer, el número de personas interesadas en comprar y leer estas obras sigue creciendo cada vez más.

Segunda etapa: La redacción y la revisión de las versiones preliminares

PLAN DE REDACCIÓN: LA ARGUMENTACIÓN

❖ **Actividad.** Si Ud. no ha completado todavía un plan de redacción para la tarea de este capítulo, complételo a continuación, siguiendo los pasos de la *Segunda etapa* del *Capítulo 5* del libro de texto.

PLAN DE REDACCIÓN: LA ARGUMENTACIÓN
1. El tema: _____
2. La idea principal que quiero comunicarle a mi lector:_____ _____
3. Mi propósito como escritor: _____ _____
El lector y su propósito al leer:_____ _____
Cinco preguntas cuyas respuestas el lector busca en el escrito:
• _____
• _____
• _____
• _____
• _____
4. Los detalles:

en contra:	a favor:
_____	_____
_____	_____
_____	_____
_____	_____
_____	_____
_____	_____
_____	_____
_____	_____
_____	_____

EN SU LIBRETA. . .

si Ud. no ha completado todavía el borrador para la tarea de este capítulo, complételo ahora.

PLAN DE REDACCIÓN: LA ARGUMENTACIÓN

_____ _____
_____ _____
_____ _____
_____ _____
_____ _____
_____ _____

5. La organización lógica: ¿Qué recursos (por ejemplo, frases de transición, oración temática en cada párrafo) se pueden utilizar para hacer que la presentación de la información sea más lógica y clara a los ojos del lector?

_____

_____

_____

6. ¿Qué propósito(s) tiene la introducción: entretener, llamar la atención del lector, presentar la tesis y/o los puntos principales del texto u otra cosa? ¿Qué propósito(s) tiene la conclusión: repetir los puntos principales del texto u ofrecer unas nuevas perspectivas?

_____

_____

_____

CORRECCIÓN DE PRUEBAS: CONTENIDO Y ORGANIZACIÓN

❖ **Actividad.** Una estudiante de tercer año ha escrito un ensayo en que describe cierto sistema penitenciario, y aboga por él.

Conteste la primera pregunta antes de leer el texto. Una vez leído y analizado cuidadosamente el ensayo, conteste las demás preguntas. Después complete el plan de revisión.

1. Ud. es el lector pensado: un compañero de clase que lee el ensayo por interés. Conociendo solamente el título, identifique cuál es su propósito al leer el ensayo.

Propósito: _____

Apunte aquí cuatro o cinco preguntas relacionadas con su propósito cuyas respuestas buscará Ud. en el texto. Después, siga con el análisis.

_____

_____

_____

_____

_____

Texto: La prisión abierta: Una posible solución

Análisis

Expertos criminalistas han reconocido los múltiples defectos del sistema penitenciario al comenzar a buscar nuevas formas de penalización y han llegado a la conclusión de que la prisión abierta puede ser la solución.

El objetivo principal de la prisión abierta no es castigar al prisionero sino rehabilitarlo, o sea, prepararlo para que vuelva a la sociedad —y que viva en ella— sin problemas. En este lugar el individuo podrá desarrollar sus habilidades de acuerdo con sus intereses, para reintegrarse más tarde. Para lograr este objetivo se ubicará al prisionero en un grupo y se le asignarán tareas específicas de acuerdo con sus habilidades.

La rehabilitación del prisionero estará basada en la confianza y, por eso, en esta cárcel no habrá crueles barreras, ni frías rejas para prevenir que se escape. En este sistema el preso será considerado un colaborador. Los que administren y trabajen en estas instituciones deberán tener presente que el castigo no es una medida vengativa, sino socializadora.

Se hará todo lo posible para que el prisionero pueda continuar con normalidad la vida que él llevaba antes de cometer el crimen.

No cabe la menor duda de que la prisión abierta es mucho más humana y justa que el sistema actual. El cambio es radical —de esto tampoco hay duda— pero sólo un cambio radical puede solucionar el problema.

2. ¿Acierta el escritor en contestar sus preguntas? ¿Contesta todas?

_____

_____

3. ¿Cuál es la tesis que el escritor intenta justificar? ¿Se han considerado también otros puntos de vista? En otras palabras, ¿es el texto argumentativo?

_____

_____

_____

4. ¿Se relaciona toda la información directamente con la idea principal? De lo contrario, ¿qué parte(s) no viene(n) al caso?

_____

_____

5. ¿Hay partes sobre las cuales le gustaría a Ud. tener más información (explicación, ejemplos, detalles)?

_____

_____

6. ¿Hay partes del texto en que de repente se encuentre Ud. «perdido/a»?

_____

_____

7. Haga rápidamente un bosquejo del texto en su totalidad. ¿Le indica lugares donde la organización del texto deba cambiarse?

_____

_____

8. ¿Captó su interés la introducción de manera que quiso Ud. seguir leyendo?

_____

_____

9. ¿Le sirvió la conclusión como buen resumen de la información en el texto? ¿Lo ayudó a Ud. a comprender la importancia del tema para el escritor?

_____

_____

10. ¿Qué parte(s) del borrador le gusta(n) más?

_____

_____

_____

ESTRATEGIAS PARA LA REVISIÓN

La revisión en colaboración: El plan de revisión

❖ **Actividad.** Para este ejercicio, Ud. puede hacer el papel de lector-compañero / lectora-compañera para el borrador del texto «La prisión abierta: Una posible solución» o, si prefiere, haga el papel de lector-compañero / lectora-compañera para el borrador del texto de un compañero o una compañera de clase. Organice su comentario completando el siguiente plan de revisión. ¿Qué sugerencias le puede ofrecer?

PLAN DE REVISIÓN: _____
                          [*NOMBRE DEL TEXTO*]
          POR _____
              [*NOMBRE DEL AUTOR O DE LA AUTORA*]

1. Comentarios positivos sobre el texto, ya sea en su totalidad o relacionados con alguna parte en particular (sea lo más específico que pueda):

2. La idea principal del texto:

   ● ¿Qué intenta defender la idea principal del texto?

   ● ¿Sirven los datos incluidos para defender la tesis?

   ● ¿Resulta una defensa convincente?

3. La organización de los datos:

   ● ¿Es la organización de datos una comparación y contraste, una explicación de causa y efecto u otra?

   ● ¿Le parece clara la organización de datos?

   ● ¿Le parece una manera efectiva de presentar la información?

4. Los puntos a favor y los puntos en contra que incluye el texto: ¿Le parece una presentación equilibrada?

5. Los lectores quieren saber lo siguiente con respecto a este tema (marque la caja con este símbolo ✓ si el texto contesta la pregunta):

   ☐

   ☐

   ☐

   ☐

6. Comentarios constructivos sobre el texto:

   ● detalles o datos que necesitan agregarse, reorganizarse o cambiarse

   ● cambios que podrían hacer más vivo y efectivo el lenguaje

   ● cambios que podrían hacer más interesante y/o efectiva la introducción

   ● cambios que podrían hacer más interesante y/o efectiva la conclusión

   ● cambios que harían que la voz pasiva fuera más creíble

7. Otros cambios que se recomiendan:

La autorrevisión con una lista de control

❖ **Actividad.** Si Ud. no ha completado todavía una lista de control para la tarea de este capítulo, ya sea la suya o la de un compañero / una compañera, complétela ahora. Puede usar las preguntas de la lista de control para la argumentación de la *Segunda etapa* del *Capítulo 5* del libro de texto, o recopilar su propia lista, con preguntas diferentes, según los elementos que le parezcan más importantes.

LISTA DE CONTROL DE _____ PARA LA ARGUMENTACIÓN
[*SU NOMBRE*]
☐
☐
☐
☐
☐
☐
☐
☐
☐
☐

Tercera etapa: La revisión de la forma y la preparación de la versión final

REPASO DE ASPECTOS BÁSICOS

Verbos con preposiciones

Muchos verbos en español se usan con las preposiciones **a, de, en** y **con.** La lista de estos verbos es demasiado extensa para incluirse aquí; sólo se presentan los más usados. Como no hay ninguna correspondencia entre el uso de estas preposiciones en español y en inglés, se recomienda consultar el diccionario en caso de duda.

*Entrar se usa con la preposición **a** en Latinoamérica y con la preposición **en** en España.*

Verbos que se usan con a

Se usa la preposición **a** después de verbos de movimiento (trasladarse de un lugar a otro) y antes de otro infinitivo. «Movimiento» puede interpretarse ya sea literalmente, como movimiento físico, o metafóricamente, como la actividad mental de aprender, enseñar o prepararse.

aprender	correr	entrar	prepararse
aspirar	empezar	ir	salir
ayudar	enseñar	llegar	venir
comenzar			

Otros dos verbos que frecuentemente se usan con **a** son

dar	faltar

*Dar a significa to open out on o to look out over y se usa para describir la orientación de un cuarto o de un edificio; dar con es un sinónimo de **tropezar con**.*

Verbos que se usan con de

acabar	dejar	enamorarse	pensar
acordarse	depender	gozar	salir
alegrarse	disfrutar	olvidarse	tratar
darse cuenta			

Verbos que se usan con en

confiar	entrar	tardar
consistir	insistir	
convenir	pensar	

*Recuerde que **pensar de** se usa para pedir o expresar una opinión mientras que **pensar en** es sinónimo de reflexionar sobre o examinar mentalmente.*

Verbos que se usan con con

casarse	cumplir	soñar
contar	dar	tropezar

Recuerde que ciertos verbos que se usan comúnmente con preposiciones en inglés *no* requieren preposición en español.

EJEMPLOS:

to look for	to look at	to wait (hope) for
buscar	mirar	esperar

En otros casos, la correspondencia entre un verbo en inglés y otro en español desaparece cuando el verbo en inglés se acompaña de una preposición. Con frecuencia esta combinación *verbo + preposición* equivale a un verbo totalmente diferente en español.

EJEMPLOS:

to take	to take away	to take up	to take down
tomar	quitar	subir	bajar
to run	to run away	to run into	to run around
correr	huir	chocar con	rodear

Actividad A. Exprese en español las palabras indicadas en las siguientes oraciones. Todos los verbos requieren una preposición.

1. ¿Qué _____ la nueva propuesta del senador?
   (do you think of)

2. Ese joven _____ lo que había prometido.
   (lived up to)

3. No sabemos por qué querrá Marta _____ él.
   (to marry)

4. Los lunes _____ las clases.
   (he misses)

5. El soldado _____ una joven en el camino.
   (came upon)

6. El enfermero _____ que el señor se desnude.
   (will insist)

7. Generalmente, los profesores _____ dar conferencias interesantes e informativas.
   (try to)

8. Mi vecina _____ su hijo para que la lleve a hacer las compras.
   (depends on)

9. Cuando _____ su cumpleaños, la llamé para felicitarla.
   (I remembered)

10. _____ llover y no llevaba paraguas.
    (It started)

Actividad B. Llene los espacios en blanco con preposiciones, cuando sean necesarias.

1. La señora acababa _____ salir de la casa cuando dio

   _____ su esposo a la vuelta de la esquina.

2. Yo sé que puedo _____ contar _____ mi compañera de cuarto cuando quiera _____ aprender _____ tocar la flauta porque ella es profesora de música.

3. Ayúdanos _____ limpiar la casa si quieres _____ salir temprano.

4. Una «cuba libre» consiste _____ ron, Coca-Cola y jugo de limón.

5. Paula me dijo que había soñado _____ su novio anoche.

6. Los domingos por la noche siempre pensamos _____ el trabajo que tenemos que hacer para el lunes.

7. Miguel es uno de esos jóvenes que se enamoran _____ todas las muchachas que ven.

8. Mis abuelos gozan _____ muy buena salud.

9. El año que viene quiero un cuarto que dé _____ la avenida principal.

10. Cuando el policía entró _____ la oficina, el prisionero dejó _____ confiar _____ su abogado.

Actividad C. Exprese las siguientes oraciones en español.

1. They suddenly realized that they would not arrive on time. _____

_____

_____

2. The plumber will come to fix the faucet tomorrow. _____

_____

_____

3. One of the players insisted on changing the rules of the game. _____

_____

4. We should find out what they are looking for. _____

_____

5. Margarita had worked very hard, and after graduating she was able to enjoy the excellent salary that her degree in engineering had made possible. _____

_____

_____

6. We hope our neighbors will stop mowing the lawn on Saturday mornings so that we can sleep longer. _____

_____

_____

CORRECCIÓN DE PRUEBAS: FORMAS

Actividad. En el siguiente párrafo, revise y corrija las construcciones en *letra cursiva*. Preste atención especial a las preposiciones que siguen a los verbos. ¡OJO! No todas las expresiones necesitan cambiarse.

Elena *se enamoró con*[1] Daniel. No *tardó de*[2] *empezar a*[3] *soñar en*[4] una vida futura. Por lo tanto, decidió *aprender cocinar*[5]. Quería *convertirse en*[6] una cocinera excelente. *Iba pedirle*[7] a su hermana que le diera clases cuando, al salir de la universidad, *se tropezó a*[8] Daniel y una mujer muy bella. Daniel *insistió con presentarle*[9] a la mujer. Parecía alegrarse mucho de haberse encontrado a Elena.

—Es mi prometida —dijo—. *Pensamos a casarnos*[10] en diciembre.

Elena *intentó sonreír*[11]. Después no *se acordó con*[12] lo que dijo, pero sí pensó que ya no tendría que *aprender de cocinar*[13].

1. _____
2. _____
3. _____
4. _____
5. _____
6. _____
7. _____
8. _____
9. _____
10. _____
11. _____
12. _____
13. _____

REPASO DE ASPECTOS GRAMATICALES

Los pronombres relativos

*Si Ud. quiere repasar los **pronombres relativos,** consulte la **Tercera etapa** del **Capítulo 5** del libro de texto.*

Actividad A. Escoja el pronombre relativo que mejor corresponda a cada contexto y subráyelo una vez. Indique a la vez aquellos cuyo uso es correcto pero menos frecuente y subráyelos dos veces.

1. Aun las personas (que / quienes / las que) han estudiado este fenómeno no lo entienden del todo.

2. Nunca encontraron el tesoro (el que / que / el cual) los piratas habían escondido.

3. El presidente siempre regala los bolígrafos con (que / los que / los cuales) firma los documentos importantes.

4. Hoy en día, un matrimonio típico dura menos de diez años, (que / el que / lo cual) representa un grave peligro para la familia como unidad social.

5. La puerta por (que / la que / la cual) entraron era baja y estrecha.

6. El reinado de los Reyes Católicos, durante (el cual / lo cual / el que) se unificó toda la península ibérica, presenció varios acontecimientos históricos de gran importancia.

7. El antecedente a (que / el que / el cual) se refiere es un objeto.

8. Los aficionados, (que / quienes / los cuales) habían hecho cola durante toda la noche, no pudieron entrar hasta mediodía.

9. El castillo hacia (que / el que / el cual) caminaban pertenecía a un duque (que / quien / el que) tenía fama de ser muy cruel.

10. Esa es la mujer de (que / quien / la que) habíamos leído tanto en el periódico.

Actividad B. Junte las oraciones por medio de pronombres relativos.

1. El puente Golden Gate de San Francisco es muy largo. El puente es conocido en todo el mundo. _____

_____

2. Compré un aparato. Puedo pelar patatas con el aparato. _____

_____

3. Inventaron un aparato complicado. Es posible guiar los rayos láser con el aparato. _____

_____

4. Las ventanas de los coches son electrónicas. Diseñaron las ventanas este año. _____

_____

5. Todas estas parejas todavía mantienen una relación amigable. Las parejas antes estaban casadas. _____

_____

6. En el libro se describe un proceso médico. Mediante el proceso se extrae la sangre del cuerpo para purificarla. _____

_____

7. Todos los procesos médicos tienen importantes repercusiones en las personas. Nos hablaron de los procesos. Las personas sufren de enfermedades cardíacas. _____

_____

8. El árbol fue destruido durante una tempestad. El ladrón había escondido las joyas en el árbol. _____

_____

9. La duquesa ya se había muerto. El ladrón había robado las joyas de la duquesa. Eso creó problemas jurídicos. _____

_____

10. Existen muchos fenómenos. Las explicaciones de los fenómenos no se basan en la ciencia. _____

_____

Actividad C. Exprese las siguientes oraciones en español, usando pronombres para referirse a las personas.

1. Miguel Angel Asturias is one of the Latin American writers who has received the Nobel Prize for literature. _____

   _____

2. The Santiagos are the people whose house my brother-in-law bought. _____

   _____

3. The musician with whom I studied died in an accident a few months ago. _____

   _____

4. Those who fled the enemy during the war found new homes in a neighboring country. _____

   _____

5. The young Polish couple, about whom you've heard me speak so often, is arriving this evening for a visit. _____

   _____

   _____

Actividad D. Exprese las siguientes oraciones en español, usando pronombres para referirse a cosas.

1. The book that the professor was talking about is not yet available at the library. _____

   _____

2. Their last concert, which was in the stadium, was a huge success.

   _____

   _____

3. The semester during which I met them was very difficult for me.

   _____

   _____

4. That is the museum whose collection of indigenous artifacts most interests us. _____

   _____

5. The results of the investigation, which have just been revealed, prove that his death was accidental. _____

   _____

Actividad E. Exprese las siguientes oraciones en español, usando pronombres para referirse a ideas y a otras abstracciones.

1. What interests him most is winning the tournament. _____
   _____

2. Finally she attended her graduation, after which her friends gave her a big party. _____
   _____

3. They drove very fast, which caused the officer to give them a speeding ticket. _____
   _____

4. John didn't buy anything that his roommate had requested. _____
   _____
   _____

5. Linda never arrived on time, for which she was finally fired. _____
   _____
   _____

Un poco de todo

❖ **Actividad.** Exprese las siguientes ideas en español, utilizando técnicas para evitar las oraciones demasiado simples. Cuidado con las formas pasivas, los pronombres relativos y los tiempos verbales.

VOCABULARIO ÚTIL

agreement	**el acuerdo**	*lowlands*	**las tierras bajas**
to cater to	**atender a**	*to propose*	**proponer**
to dredge	**dragar**	*site*	**el sitio**
freighter	**el buque de carga**	*stamp*	**la estampilla**
healthy	**sano, saludable**		

1. The idea of connecting the Atlantic Ocean and Pacific Ocean by cutting a canal through Nicaragua is ancient. It was first proposed by King Carlos V of Spain 500 years ago. In the late nineteenth century, Nicaragua was considered by many to offer a cheaper transportation route than Panama, and a healthier climate as well.
   _____
   _____
   _____
   _____

_____

_____

_____

2. In 1884 an agreement was signed between the United States and Nicaragua, but it was never ratified by the U.S. Congress. The Nicaraguan government had created a stamp that identified Nicaragua as the land of volcanoes, and unfortunately when a volcanic eruption killed more than 30,000 people—the eruption occurred on the nearby island of St. Martinique—many people feared that the same thing could happen in Nicaragua. Several days before the Congressional vote, the U.S. senators were given the stamps, and on account of that Panama was chosen as the site for the canal.

_____

_____

_____

_____

3. The canal now being discussed by the government of Nicaragua would be much bigger and deeper than the current Panama Canal and would cater to the supersize freighters of the future that are too large to pass through the Panama Canal. The length of the new canal has been estimated at 178 miles.

_____

_____

_____

_____

4. Once it is completed, the new canal could have a significant impact on the economy of Nicaragua, which today is recognized as the second poorest nation in the western hemisphere after Haiti.

_____

_____

_____

_____

5. The plan calls for the canal to be dug through the country's southern lowlands because this is less damaging to the environment than dredging the rivers. But environmentalists are alarmed about the impact that the canal would have on the tropical forests as well as on the indigenous villages that are located near the coast.

_____

_____

_____

_____

_____

CORRECCIÓN DE PRUEBAS: FORMAS

Actividad A. Revise y corrija el siguiente pasaje, prestando atención especial al uso de los pronombres relativos.

Roberto es uno de esos jóvenes los cuales siempre buscan aventura. Este año se ha interesado mucho en los viajes en balsa los que se hacen todos los días en el Río Grande al norte de Nuevo México. Los viajes que más le atraen son los cuales salen de Arroyo Hondo, pasando por aguas espumosas, cual son muy peligrosas. Este verano el río está muy crecido, debido a la rapidez con que se derrite la corona de nieve la que todavía permanece en nuestras montañas.

Ayer Roberto me invitó a que lo acompañara en uno de esos viajes, el que no me interesa en absoluto. Como Roberto sí me interesa, tendré que sugerirle otra actividad la cual los dos podamos compartir.

Actividad B. Revise y corrija el siguiente pasaje, prestando atención especial tanto a los usos de los pronombres relativos como a la selección del indicativo y del subjuntivo, los artículos definidos e indefinidos y las formas de la voz pasiva.

EN SU LIBRETA...

siga estos mismos pasos para revisar el borrador de su propio escrito para la tarea de este capítulo.

Las autoridades municipales de varias de las grandes ciudades de Latinoamérica han comenzado a implementar medidas a fin de solucionar problemas que enfrentan. En Santiago de Chile, por ejemplo, ciertas calles del sector céntrico han sido convertido en paseos peatonales, es decir, en calles donde no puedan transitar vehículos, sólo personas. Ahora hay una ley cual es llamada común-

mente la ley de los ruidos molestos. Esta ley reglamenta el uso de

bocinas de coches: no permite que un conductor toca la bocina

de su automóvil en forma intermitente. Si la policía sorprende a un

conductor quien viola la ley, le pone una multa.

REPASO DE VOCABULARIO ÚTIL:
LOS ARGUMENTOS

VOCABULARIO PARA LA PRESENTACIÓN DE ARGUMENTOS	
a causa de	los contrincantes (opinan que...)
coincidir con, concordar con	los estudiosos de la materia (han concluido que...)
dar por (concluido, descontado, sabido)	los investigadores...
de antemano	los partidarios...
discrepar de	los peritos en la materia...
en su mayor parte	los proponentes...
es evidente que	mantener que
es lógico pensar que	opinar que
está claro que	proponer que
estar de acuerdo con	según (los conocedores, expertos...)
los conocedores (han dicho que...)	

Actividad. Complete las siguientes oraciones con la palabra o frase de la lista que mejor convenga.

los contrincantes	está claro que	de antemano
los investigadores	está de acuerdo con	por descontado
los partidarios	según	mantienen que
es evidente que	a causa de	

1. Hace varios años que el programa de exploración espacial de

   nuestro país sufrió el gran desastre del «Columbia».

   _____ esta catástrofe, se autorizaron varias

   comisiones para investigar lo que pasó y para asegurar que

   semejante tragedia jamás volviera a repetirse.

2. Hoy en día, muchas de las personas miopes usan lentes de

   contacto. _____ ellos, se ve mejor con estos lentes

   que con anteojos, además de que son muy cómodos.

3. Uno de los temas más discutidos en los Estados Unidos es la calidad del sistema educativo. Algunos creen que es uno de los mejores sistemas del mundo, mientras que otros creen lo contrario. _____ mencionan el hecho de que nuestras escuelas educan a todos los niños/jóvenes por 12 años, no solamente a los más listos. _____ dicen que ese es precisamente el problema: al tratar de educar a todos por tantos años, no se educa bien a nadie.

4. El ejercicio frecuente es necesario para mantener la buena salud. Los médicos _____ se debe hacer ejercicio o practicar algún deporte por lo menos tres veces a la semana. Este ejercicio debe durar de 45 a 60 minutos para conseguir los beneficios cardiovasculares. Aunque mucha gente _____ esta recomendación, _____ no todo el mundo la sigue. A algunas personas les falta tiempo y a otras autodisciplina. Si Ud. quiere empezar un programa de ejercicio para sentirse mejor, es importante consultar con un médico _____.

CORRECCIÓN DE PRUEBAS: EL LENGUAJE Y LA EXPRESIÓN

❖ **Actividad.** Revise y corrija el siguiente pasaje, prestando atención especial a los usos del subjuntivo, a la selección de **ser** y **estar** y al uso de los pronombres relativos. Subraye lo que se deba cambiar y utilice el espacio a la derecha para escribir las correcciones.

Texto: La violencia en la televisión

Cambios sugeridos

La televisión ejerce una influencia negativa en los niños porque presenta demasiada violencia.

Muchos de los programas de televisión muestran asesinatos, guerra y agresiones de todo tipo, y los niños asimilan estas imágenes diariamente. Incluso los dibujos animados, los que se mantiene que sean diseñados pensando en los niños, contienen un número elevado de episodios violentos. El problema está que la mayoría de estos

_____
_____
_____
_____
_____
_____
_____

episodios sólo muestre la agitación y emoción que produce la violencia porque esto es que atrae como espectáculo. Se olvidan completamente las otras consecuencias de la violencia: el sufrimiento, el dolor, el horror, la repulsión.

El niño quien ve la televisión todos los días recibe una imagen distorsionada de la realidad, y en sus juegos intenta recrear lo que ha aprendido en la televisión. La investigación ha demostrado que esto se hace aún más peligroso en el caso de los niños con tendencias agresivas pues estos querrán poner en práctica en la vida real algunas de las agresiones que están presentadas a diario en la pantalla de su televisor. La violencia no es un juego; debe ser eliminada de los programas de televisión.

Capítulo 6

La argumentación (Parte 2)

Primera etapa: Antes de redactar

TÉCNICAS Y ESTRATEGIAS

I. El resumen y la argumentación

Con frecuencia, el ensayo argumentativo incluye un resumen de los acontecimientos importantes de la obra que se va a comentar. Pero no es lo mismo un ensayo que incluye un resumen que un ensayo que se define como un resumen. La diferencia tiene que ver con el propósito del texto. El resumen ofrece, en forma condensada, lo esencial de la materia; su propósito es principalmente informativo. Por otro lado, el propósito del ensayo argumentativo es persuadir al lector de la validez de la tesis del escritor; en este caso, el resumen figura como antecedente de la evidencia que se va a presentar.

Con frecuencia, los escritores inexpertos presentan como ensayo argumentativo lo que no es sino un resumen de la acción, más algunas observaciones personales. Recuerde que el ensayo argumentativo defiende una tesis, mientras que el resumen no lo hace.

> *En la página 217 del libro de texto hay un ejemplo de un **resumen**.*

❖ **Actividad.** El profesor de una clase de redacción les ha pedido a los estudiantes que escriban un ensayo argumentativo. El siguiente texto es el borrador preliminar de un ensayo sobre la novela corta «El coronel no tiene quien le escriba» del escritor colombiano Gabriel García Márquez. Léalo con cuidado. ¿Es un resumen o un ensayo argumentativo? ¿Qué sugerencias le haría Ud. al autor del texto?

 El humor

> La novela corta «El coronel no tiene quien le escriba» de Gabriel García Márquez tiene algunas partes en que hay pasajes humorísticos; pero por lo demás, es triste y tiene un tono un poco amargo. La historia es de un viejo, su familia (que consiste en su mujer y un gallo) y las penas, las injusticias y también las desilusiones que sufren. El viejo (el coronel) es pobre —su mujer piensa que se están muriendo de hambre y que él debe vender el gallo— pero aquel se niega a hacerlo. El gallo parece ser el símbolo de su hijo muerto, de su orgullo y también de la esperanza. Por ejemplo, el coronel cree que después de que

el gallo gane una pelea en la gallera, ellos tendrán suficiente dinero. (Más tarde descubrimos que el gallo no gana.)

Toda la novela es así: muy triste. Ellos sufren muchas desilusiones y empiezan a rendirse ante su mala fortuna. Pero, afortunadamente, el autor agrega algunos toques humorísticos a la novela para hacerla menos penosa.

El humor sutil ocurre en muchas partes de la novela. Por ejemplo, en la página 25 hay un párrafo en que el coronel y el médico discuten la censura de los periódicos. El coronel dice:

> Desde que hay censura los periódicos no hablan sino de Europa... Lo mejor será que los europeos se vengan pacá y que nosotros nos vayamos.

Y el médico le responde:

> Para los europeos América del Sur es un hombre de bigotes, con una guitarra y un revólver.

Hay otros ejemplos de humor en la novela, como en la página 47, cuando el coronel compara a su mujer con el «hombrecito de la avena Quaker» en medio de una pelea entre ellos sobre la aptitud del coronel para los negocios. Este ejemplo, como otros en la novela, nos ayuda a comprender la personalidad del coronel y cómo él puede mantener su sentido del humor cuando las cosas parecen tan malas, y crean alguna simpatía hacia él.

II. El lenguaje personal

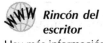

Rincón del escritor

Hay más información sobre el <u>lenguaje personal</u> en el **Rincón del escritor.**

www.mhhe.com/composicion5

En la redacción, el lenguaje personal incluye expresiones o frases que pueden ser significativas para el escritor por sus experiencias previas o por su conocimiento del tema. Sin embargo, para el lector estas mismas expresiones pueden ser desconocidas o incluso confusas. Ya que todo lector tiene ciertas expectativas cuando va a leer un texto, es posible que interprete el lenguaje personal del escritor según sus propias ideas. De esta manera el lector puede comprender *las palabras que escribe* el escritor sin realmente entender *lo que este desea comunicar*.

Ud. ya tiene experiencia con la identificación y corrección de ejemplos de lenguaje personal puesto que muchos de los problemas que se han encontrado en los textos de la sección **Corrección de pruebas: Contenido y organización** se deben a este fenómeno. A continuación se repasan varios de los casos ya vistos.

❖ **Actividad.** Analice las cinco oraciones que se presentan a continuación, identificando y subrayando ejemplos de lenguaje personal. Luego sugiera una manera de ampliar o clarificar el lenguaje.

1. El hombre macho cree que las mujeres son inferiores.

_____

_____

_____

_____

2. El hombre tímido es un hombre que se ha asustado por una razón u otra y se porta como una mujer.

_____

_____

_____

_____

3. Cuando un estudiante se encuentra con personas distintas de lugares diferentes, aprende más sobre la vida, la cultura y las ideas de otra gente.

_____

_____

_____

_____

4. Expertos criminalistas han reconocido los múltiples defectos del sistema penitenciario y han llegado a la conclusión de que la prisión abierta puede ser la solución.

_____

_____

_____

_____

5. No cabe duda de que la prisión abierta es mucho más humana y justa que el sistema actual.

_____

_____

_____

_____

ASPECTOS ESTILÍSTICOS

Las formas no personales del verbo y la combinación de oraciones

Las formas no personales del verbo —llamadas así porque su terminación no indica la persona o agente que ejecuta la acción— incluyen el gerundio (hablando, comiendo, viviendo), el participio (hablado, comido, vivido) y el infinitivo (hablar, comer, vivir). El gerundio y el infinitivo, al igual que el participio, son un recurso importante para el escritor, pues le ofrecen alternativas para variar el estilo de su prosa.

En este capítulo, practicará el gerundio y el infinitivo. (Ud. ya practicó el uso del participio para unir cláusulas.)

El gerundio: El «adverbio verbal»

El gerundio puede funcionar como un adverbio: indica el cómo, el porqué y el cuándo de una acción. Se coloca antes del verbo principal en la oración.

Cómo: Trabajando toda la noche, podremos terminar a tiempo.
By working all night, we will be able to finish on time.

Por qué: Siendo una persona inteligente, Ud. va a entender nuestro apuro.
Since you are an intelligent person, you will understand our predicament.

Cuándo: Apeando a la mujer del carruaje, pudo notar el diseño sospechoso de su zapato.
While he helped the woman down from the carriage, he noted the suspicious design of her shoe.

Note que el gerundio sólo puede usarse si el *cuándo* es un momento que coincide con la acción del verbo principal o que la precede.

Actividad. Sustituya las frases en *letra cursiva* por una frase construida con el gerundio.

1. *Ya que son* de España, conocen muy bien las tradiciones de

   Semana Santa. _____

   _____

2. *Caminó de puntillas y así* salió desapercibido. _____

   _____

3. *Oyó el tumulto afuera y* fue a investigar lo que era. _____

   _____

4. *Machacan la mezcla una y otra vez y entonces* la convierten en un

   puré muy fino. _____

   _____

5. *Si divides el total entre todos,* vamos a tener lo suficiente. _____

   _____

El infinitivo: El «sustantivo verbal»

Uno de los usos más frecuentes del infinitivo es como complemento de preposición. La construcción **al** + *infinitivo* se utiliza:

1. para referirse a una acción que se completa inmediatamente antes de la acción del verbo principal

   Al abrir la puerta, se encontró cara a cara con su ex esposo.
   Upon opening the door, she found herself face to face with her ex-husband.

   Al entregar los últimos informes, salieron a celebrar.
   Upon handing in the last reports, they went out to celebrate.

*Ud. puede repasar los usos del **infinitivo** y el **gerundio** en la **Tercera etapa** del **Capítulo 6** del libro de texto.*

2. para referirse a una acción en progreso que coincide con la acción del verbo principal

Laura siempre canta al bañarse.
Laura always sings while she bathes.

Sufro horrores al hablar en público.
I suffer horribly when I speak in public.

Note que tanto el gerundio como la construcción **al** + *infinitivo* se refieren a acciones que preceden o coinciden con la acción del verbo principal.

Actividad A.   Sustituya las frases en *letra cursiva* por una frase construida con **al** + *infinitivo*.

1. *Hicieron las pruebas científicas y luego* descubrieron que se había drogado. _____

_____

2. *Vamos a desarrollar la película y luego* podremos recordar el viaje más vivamente. _____

_____

3. Siempre se pone muy nervioso *cuando habla con un desconocido.*

_____

_____

4. *Ernesto llegó al cine e inmediatamente* se puso los lentes. _____

_____

5. La madre puede calmar al niño *mientras lo mece en la cuna.* _____

_____

Actividad B.   Lea los párrafos que siguen y escríbalos de nuevo, combinando las oraciones para hacerlas más largas y variar su estilo, sin cambiar el significado. Para realizar las combinaciones, utilice:

- infinitivos
- gerundios
- participios pasivos
- conjunciones coordinadas
- conjunciones subordinadas
- pronombres relativos

MODELO: Nuevo México ha perdido una verdadera joya. El Dr. Sabine R. Ulibarrí falleció en enero de 2003. Nació y se crió en el norte de Nuevo México. Estudió literatura española y recibió su doctorado de la Universidad de California en Los Ángeles. Era uno de los más distinguidos escritores del sudoeste. Fue conocido por sus cuentos; estos reflejaban la vida en su querido estado. Las colecciones de cuentos incluyen *Tierra Amarilla* y *Mi abuela fumaba puros*. También escribió poesías. Fue profesor de español en la Universidad de Nuevo México por muchos años. Sus clases siempre se llenaban. Muchos estudiantes recordarán con cariño al pequeño hombre con la magnífica voz. Esa voz hipnotizaba a la clase. Todos escuchaban casi sin respirar. Llegaban a conocer y a apreciar la lengua, la literatura y las culturas del mundo hispanohablante. →

Al fallecer el Dr. Sabine R. Ulibarrí en enero de 2003, Nuevo México ha perdido una verdadera joya. Nacido y criado en el norte de Nuevo México, estudió literatura española y recibió su doctorado de la Universidad de California en Los Ángeles. Además de sus colecciones de cuentos, incluyendo *Tierra Amarilla* y *Mi abuela fumaba puros*, los cuales reflejaban la vida en su querido estado, Ulibarrí escribió poesías y fue profesor de español en la Universidad de Nuevo México por muchos años. Siempre llenas, sus clases eran lugares donde él hipnotizaba a sus estudiantes, a pesar de su estatura pequeña, con una magnífica voz. Escuchando casi sin respirar, llegaban a conocer y a apreciar la lengua, la literatura y las culturas del mundo hispanohablante.

1. Hay un fenómeno interesante en la televisión. Cada año los directores de programación proponen nuevos programas. Estos, a menudo, provienen de películas populares. Los directores quieren traer ese éxito de la pantalla grande a la pantalla pequeña en nuestra sala. A veces es una buena idea. Más comúnmente, fracasa el programa.

2. El joven salió de la residencia muy temprano. Todavía no había amanecido. Fue a la biblioteca universitaria. Tenía que estudiar un poco más. Era el día de un examen importante en su clase de literatura. No había leído hasta anoche todo lo debido. No había dormido casi nada. Estaba muy cansado. Sabía que tenía que aprender algo sobre los autores estudiados. Se sentó a revisar la

información sobre los autores y se durmió. No se despertó sino
hasta mediada la mañana.

_____

_____

_____

_____

_____

_____

_____

_____

_____

3. *Médicos Sin Fronteras* es una organización internacional. No
   representa a ningún país. Envía a personal médico a lugares
   donde hay catástrofes naturales o causados por el hombre.
   Estos catástrofes incluyen terremotos, fuegos, inundaciones,
   guerras, hambre y epidemias. Los médicos y enfermeros llevan
   vacunas, medicinas y equipo médico quirúrgico al auxilio de
   todos. La mayoría de los países pobres acepta esta ayuda con
   gratitud.

_____

_____

_____

_____

_____

_____

_____

_____

_____

4. Pienso trabajar de intérprete después de graduarme. He aprendido
   un poco sobre esa carrera. Antes creía que era sólo traducir palabras de un idioma a otro. Ahora sé que no es tan fácil. Tendré
   que estudiar más. Quiero estudiar en un programa especial para
   intérpretes. Hablo bien, tengo un vocabulario adecuado y escribo
   con aptitud. Todavía tengo mucho que aprender sobre los matices
   de la lengua.

_____

_____

_____

_____

_____

_____

_____

_____

_____

_____

5. Las caras y las voces de Nueva York son muchas. Hay inmigrantes de todo el mundo. Es una población muy diversa. Por todas partes de la ciudad, hay caras que representan a comunidades latinas, africanas, asiáticas y europeas que se encuentran ahí. Las calles y los subterráneos suenan como la Torre de Babel. Se oyen muchas lenguas. Algunos de estos inmigrantes tienen muchos años en Nueva York. Otros acaban de llegar. Es emocionante vivir en esta ciudad o visitarla.

_____

_____

_____

_____

_____

_____

_____

_____

_____

INTERACCIONES LECTOR/ESCRITOR

 Rincón del escritor

Hay más información sobre las transiciones en la sección «guías y señales retóricas» del **Rincón del escritor.**

www.mhhe.com/composicion5

Las transiciones

Como ya se ha visto, el escritor puede utilizar varios recursos para asegurar que su lector siga el razonamiento del escrito. Puede:

1. establecer una organización de párrafo lógica y clara

2. incorporar una introducción y una conclusión que haga resaltar los puntos o perspectivas principales del escrito

3. elaborar un título que transmita desde el principio la impresión total que se desea comunicar

Otro recurso del escritor para facilitar la comprensión del texto son las frases de transición.

La función de una frase de transición es indicar al lector la relación entre una idea y otra en el escrito. Puede señalar que la idea que se presenta ahora está relacionada con otra que se va a presentar más adelante o que fue presentada antes. Las frases de transición que se usan para indicar que se cambia de tema sirven para evitar una prosa demasiado abrupta y, al mismo tiempo, aseguran que el lector siga el hilo del razonamiento del escritor.

❖ **Actividad.** Las oraciones a continuación pueden ordenarse para formar un breve ensayo. Guiándose tanto por el sentido de las oraciones como por los pronombres y frases de transición, arréglelas de manera lógica.

a. _____ Y, como resultado, habrá menos asesinatos.

b. _____ El primer grupo, el de los que se oponen, hace notar que a los ciudadanos de este país se les garantiza el derecho de portar armas para protegerse.

c. _____ Es una decisión difícil, especialmente si uno ha sido amenazado alguna vez con un arma de fuego.

d. _____ ¿O mantiene sus derechos y corre el riesgo de ser víctima de un bandido con revólver?

e. _____ Parece que hay dos grupos principales que se interesan en este asunto: el de los que se oponen a la restricción y el de los que la apoyan.

f. _____ Y mientras debaten la cuestión, el número de muertes sigue subiendo.

g. _____ Se da a entender que la falta de este derecho resultará en menos personas con revólveres.

h. _____ Aún continúa la discusión en el Congreso, y el público tiene que escoger a cuál grupo apoyar.

i. _____ Cada grupo dedica mucho tiempo y energía a hacer propaganda para convencer al público de que su posición es válida.

j. _____ Recientemente ha habido gran discusión en los Estados Unidos acerca de la restricción del uso de revólveres.

k. _____ Implica que el número de homicidios disminuirá si el ciudadano medio no tiene el derecho de portar armas.

l. _____ Esta garantía se halla en la Constitución de los Estados Unidos.

m. _____ También observa que si se abroga este derecho, sólo los criminales tendrán armas.

n. _____ Por su parte, el segundo grupo prefiere señalar el gran número de muertes que resultan como consecuencia del uso de revólveres.

o. _____ ¿Cede el público un derecho básico con la esperanza de reducir el número de revólveres en circulación y reducir así el número de muertes?

¿Qué tipo de palabras o expresiones lo/la ayudaron a Ud. a establecer el orden lógico? ¿Pudo identificar cierto tono en el ensayo? Explique.

_____

_____

_____

_____

_____

La presentación de los datos en este ensayo se basa en la causa y el efecto. ¿Qué opina Ud. de los razonamientos? ¿Son válidos? ¿Existe la relación por pura coincidencia? Explique.

_____

_____

_____

_____

_____

_____

Segunda etapa: La redacción y la revisión de las versiones preliminares

PLAN DE REDACCIÓN: LA ARGUMENTACIÓN SOBRE LA LITERATURA

❖ **Actividad.** Si Ud. no ha completado todavía un plan de redacción para la tarea de este capítulo, complételo a continuación, siguiendo los pasos de la *Segunda etapa* del *Capítulo 6* del libro de texto.

PLAN DE REDACCIÓN: LA ARGUMENTACIÓN
1. El tema: _____
2. La tesis que quiero defender: _____
3. Mi propósito como escritor: _____
El lector y su propósito al leer: _____
_____
Cinco preguntas cuyas respuestas el lector busca en el escrito:
• _____
• _____

EN SU LIBRETA. . .

si Ud. no ha completado todavía el borrador para la tarea de este capítulo, complételo ahora.

- _____
- _____
- _____

4. Los detalles: _____

_____

_____

_____

_____

_____

_____

_____

_____

_____

_____

_____

5. La organización lógica: ¿Qué recursos (por ejemplo, frases de transición, oración temática en cada párrafo) se pueden utilizar para hacer que la presentación de la información sea más lógica y clara a los ojos del lector?

_____

_____

6. ¿Qué propósito(s) tiene la introducción: entretener, llamar la atención del lector, presentar la tesis y/o los puntos principales del texto o resumir los sucesos importantes de la obra? ¿Qué propósito(s) tiene la conclusión: repetir los puntos principales del texto u ofrecer unas nuevas perspectivas?

_____

_____

CORRECCIÓN DE PRUEBAS: CONTENIDO Y ORGANIZACIÓN

❖ **Actividad.** Una estudiante de tercer año ha redactado un ensayo argumentativo sobre el cuento «Paseo» del escritor chileno José Donoso. A continuación se presenta un borrador preliminar de su ensayo.

Conteste la primera pregunta antes de leer el texto. Una vez leído y analizado cuidadosamente el ensayo argumentativo, conteste las demás preguntas. Después complete el plan de revisión.

1. Ud. es el lector pensado. Identifique cuál es su propósito al leer el borrador.

Propósito: _____

Apunte aquí cuatro o cinco preguntas relacionadas con su propósito cuyas respuestas buscará Ud. en el ensayo. Después, siga con el análisis.

_____

_____

_____

_____

Texto: La fuga de la tía Matilde y la perra

Análisis

El cuento «Paseo» relata básicamente las relaciones entre un niño y su familia. El niño, que resulta ser el narrador del cuento, declara que su familia es amarga y que hay una falta absoluta de sentimientos entre sus miembros. Entre las diversas acciones que ocurren en este cuento, se destaca la de la fuga repentina e inesperada de la tía Matilde, una mujer de carácter fuerte y conservador. En este ensayo quisiera probar que la perra introducida a mitad de la historia funciona como símbolo de cómo la tía Matilde va cambiando —transformándose— y que, además, es el factor que provoca el cambio en ella.

En la parte II, la tía Matilde es presentada como una mujer fiel y dedicada a los trabajos de la casa. Después de la cena, es como un ritual para ella subir a los dormitorios de sus hermanos para alistarles las camas. Aunque la tía le presta poca atención al niño, este aprecia su trabajo: «no dudaba de la excelencia y dignidad de sus hermanos». Es probable que la mayoría de los lectores comparta esta impresión. Además, ella solía divertirse todos los días jugando al billar con sus hermanos, tratando de esta manera de romper la solemnidad de la casa. El billar es el único medio para que se junte la familia en un lugar y que pasen

2. ¿Acierta el escritor en contestar sus preguntas? ¿Contesta todas?

_____

_____

3. ¿Cuál es la tesis que el escritor intenta justificar? ¿Se han considerado otros puntos de vista también?

_____

_____

4. ¿Se relaciona toda la información directamente con la idea principal? De lo contrario, ¿qué parte(s) no viene(n) al caso?

_____

_____

5. ¿Hay partes sobre las cuales le gustaría a Ud. tener más información (explicación, ejemplos, detalles)?

_____

_____

_____

todos un rato juntos. Según el narrador, esta actividad disimula la incomodidad que prevalece entre los miembros de la familia.

La conducta de la tía Matilde empieza a cambiar después de encontrarse una tarde con una perra perdida en la calle. La primera reacción de la tía es rechazar a la perra: «¡Pssst! ¡Ándate!» le dice cuando empieza a acercarse. Esta reacción muestra una repugnancia total hacia el animalillo callejero.

No obstante el rechazo inicial, las relaciones entre la mujer y la perra empiezan a cambiar. Aunque las relaciones entre la tía y sus hermanos son poco afectuosas, ella empieza a tratar a la perra con cariño. Introduce a la perra en la casa; a la hora del billar, ella se concentra más en acariciar a la perra que en ordenar las rondas del juego. Esto muestra obviamente que ya la tía se preocupa más por la perra que por el juego de la familia. Desde este momento, la perra parece empezar a ejercer una influencia importante en la tía.

Al principio, la perra se encuentra herida y mugrienta. Pero después de algún tiempo, ya en la casa y con el cuidado de la tía Matilde, va sanando hasta convertirse en una «perra blanca decente». Además, la perra va ganando más y más terreno en la casa, lo cual pronto le preocupa al niño: «Algo, algo me acusaba su existencia bajo el mismo techo que yo.»

Los cambios graduales en la perra se reflejan en una serie de cambios graduales en la apariencia y el comportamiento de la tía Matilde. Antes de la llegada de la perra, ella no solía salir afuera sino para hacer excursiones muy breves. Pero después de la llegada de la perra, las salidas de Matilde se hacen más frecuentes y más largas hasta que un día sale y no vuelve hasta la madrugada. Además, empieza a maquillarse, algo que no solía hacer antes. El niño dice que su tía se ve más joven. Este comportamiento inspira una sospecha en el lector: ¿Por qué

6. ¿Se relacionan todas las citas con la tesis?

_____

_____

_____

7. ¿Hay partes del texto en que de repente se encuentre Ud. «perdido/a»?

_____

_____

_____

8. Haga rápidamente un bosquejo del texto en su totalidad. ¿Le indica lugares donde la organización del texto deba cambiarse?

_____

_____

_____

9. ¿Presenta la tesis la introducción? ¿Lo ayuda a Ud. a recordar los acontecimientos importantes de la historia?

_____

_____

_____

10. ¿Le sirvió la conclusión como buen resumen de la información en el texto? ¿Ayudó a Ud. a comprender la importancia del tema para el escritor?

_____

_____

_____

11. ¿Qué parte(s) del borrador le gusta(n) más?

_____

_____

_____

se maquilla Matilde al salir? ¿para pasear a la perra?

En sí, el hecho de que la tía salga por las noches y que tarde mucho en volver a su casa no significa nada. Pero el texto insinúa otros motivos: que ella se dedica a la prostitución. La primera evidencia de esto es que una noche la tía llega muy tarde con el cabello desordenado y los zapatos embarrados (la perra llega embarrada también). Para el narrador, este desorden, antes totalmente anormal en la tía, sugiere que ella y la perra se mueven ahora en otro ambiente: «Pertenecían a los rumores, a los pitazos de los barcos que atravesando los muelles, calles oscuras o iluminadas, casas, fábricas y parques, llegaban a mis oídos.» Esta descripción, en particular la referencia a los muelles y los barcos, también sugiere un ambiente de prostitución.

Otra posible interpretación es que Matilde sale a encontrarse con un hombre decente. Pero, ya que es absolutamente normal que a una mujer le gusten los hombres, ¿por qué esconde sus actividades? ¡Es más, sus hermanos la felicitarían por cualquier amistad que tuviera! Entonces, ¿cómo se puede explicar el que ella desaparezca por completo por horas sin avisar a sus hermanos? Otro punto que va en contra de la idea de que ella sale a conocer a hombres decentes es que sus hermanos no pueden dormir tranquilamente hasta que ella vuelva a casa. Lo malo de las actividades nocturnas de Matilde se sabe por los graves trastornos que sus salidas causan en sus hermanos. Por todas estas razones, se puede descartar la posibilidad de que las salidas de la tía Matilde sean decentes.

La perra es un elemento crítico para explicar las actividades de la tía Matilde. «Perra» es un vocablo vulgar que se aplica a una persona despreciable, indigna, como *bitch* en inglés. Hablando de la perra y la tía, el texto dice que «esas dos eran compañeras... » y que «eran sólo dos los seres unidos» en la casa. Como sabemos, la perra acompañaba a la tía a todas partes. Esto es un indicio de cómo la tía y la perra eran «compañeras». Al hablar de las dos, el texto a menudo no hace diferencia entre lo que hace la una y lo que hace la otra: «pertenecían», «iban», «eran» y otras formas similares. Pero creo que el significado de «compañera» es más profundo: las dos comparten los mismos hábitos callejeros. La tía ha llegado a parecerse a la perra perdida, que hace cualquier cosa sucia e inmoral por las calles.

Lo esencial del papel de la perra es que si no fuera por esta, la tía Matilde no habría tenido motivo para salir a la calle. Si no hubiera tenido que pasear a la perra por las calles y los parques, no habría conocido las tentaciones del exterior, fuese la prostitución u otra cosa. Por lo tanto, la tía no habría cambiado de conducta ni tampoco se habría fugado de la casa familiar.

En resumen, el cambio que se nota en la perra después de ser introducida en la casa es similar al cambio ocurrido en la conducta de la tía Matilde. La perra gana más y más terreno en la casa; la tía sale más y se preocupa más por su apariencia (se maquilla más frecuentemente y se pone el sombrero cada vez que sale). Al final, la transformación es completa: las dos compañeras salen de paseo a la calle y allí se quedan: nunca jamás vuelven a la casa.

ESTRATEGIAS PARA LA REVISIÓN

La revisión en colaboración: El plan de revisión

❖ **Actividad.** Para este ejercicio, Ud. puede hacer el papel de lector-compañero / lectora-compañera para el borrador del texto «La fuga de la tía Matilde y la perra» o, si prefiere, para el borrador del texto de un compañero / una compañera de clase. Organice su comentario completando el siguiente plan de revisión. ¿Qué sugerencias le puede ofrecer?

PLAN DE REVISIÓN: _____
[*NOMBRE DEL TEXTO*]

POR _____
[*NOMBRE DEL AUTOR O DE LA AUTORA*]

1. Comentarios positivos sobre el texto, ya sea en su totalidad o relacionados con alguna parte en particular (sea lo más específico posible):

2. La idea principal del texto:

   - ¿Qué intenta defender la idea principal del texto?

   - ¿Sirven los datos incluidos para defender la tesis?

   - ¿Resulta una defensa convincente?

3. La organización de los datos:

   - ¿Es la organización de datos una comparación y contraste, una explicación de causa y efecto u otra?

   - ¿Le parece clara la organización de datos?

   - ¿Le parece una manera efectiva de presentar la información?

4. Los puntos a favor y los puntos en contra que incluye el texto: ¿Le parece una presentación equilibrada?

5. Los lectores quieren saber lo siguiente con respecto a este tema (marque la caja con este símbolo ✓ si el texto contesta la pregunta):

   ☐

   ☐

   ☐

   ☐

6. Comentarios constructivos sobre el texto:

   - detalles o datos que necesitan agregarse, reorganizarse o cambiarse

   - cambios que podrían hacer más vivo y efectivo el lenguaje

   - cambios que podrían hacer más interesante y/o efectiva la introducción

   - cambios que podrían hacer más interesante y/o efectiva la conclusión

7. Otros cambios que se recomiendan:

La autorrevisión con una lista de control

❖ **Actividad.** Si Ud. no ha completado todavía una lista de control para la tarea de este capítulo, ya sea la suya o la de un compañero / una compañera, complétela ahora. Puede usar las preguntas de la lista de control para la argumentación de la **Segunda etapa** del **Capítulo 6** del libro de texto, o recopilar su propia lista, con preguntas diferentes, según los elementos que le parezcan más importantes.

LISTA DE CONTROL DE _____ PARA LA ARGUMENTACIÓN
[*SU NOMBRE*]
☐
☐
☐
☐
☐
☐
☐
☐
☐
☐

Tercera etapa: La revisión de la forma y la preparación de la versión final

REPASO DE ASPECTOS BÁSICOS

Los artículos definidos e indefinidos

Aunque los artículos definidos (el, la, los, las) e indefinidos (un, una, unos, unas) se consideran aspectos gramaticales básicos —típicamente se presentan en los primeros capítulos de los libros de gramática—, las reglas de su empleo son sutiles y llegar a controlarlas con aptitud requiere de mucho tiempo y práctica. De hecho, las investigaciones sobre la adquisición del español como segunda lengua indican que los artículos se ubican entre los últimos aspectos de la lengua que los estudiantes logran adquirir. ¿Qué se puede hacer para tener éxito con los artículos?

Como se puede ver en la siguiente presentación, hay muchas reglas. En vez de tratar de memorizarlas todas, se sugieren dos estrategias: (1) con la ayuda de su profesor o profesora, escoja solamente dos o tres de las reglas, y (2) practique estas reglas con frecuencia, buscando ejemplos en varios textos, por ejemplo, en los ejercicios de corrección de pruebas. Con el tiempo, las reglas que Ud. ha practicado llegarán a hacerse automáticas, y entonces podrá pasar a la práctica con las otras reglas. Cuando la lista de reglas es grande, es difícil recordarla y la aplicación de las reglas resulta esporádica, no sistemática; reducir la lista facilita la aplicación de las reglas con éxito.

El uso del artículo definido

El artículo definido tiene forma masculina (**el**), femenina (**la**) y neutra (**lo**). Las formas masculinas y femeninas concuerdan en número con el sustantivo que modifican: **el** libr**o, los** libr**os; la** cas**a, las** cas**as.** La excepción a esta concordancia es el uso del artículo masculino singular ante un sustantivo femenino singular que empiece con **a** acentuada.

El águila es bell**a**.   **El agua** está fría.

Note que el uso del artículo masculino no afecta la concordancia del sustantivo.

El hacha buen**a** vale mucho.   Están en **el aula** pequeñ**a**.

Se usa el artículo femenino cuando el sustantivo es plural.
Las águil**as** son bell**as.**
Se emplea el artículo neutro ante el adjetivo, el participio perfecto y el adjetivo posesivo para sustantivarlos (convertirlos en sustantivos).

Lo bueno de esto es que nos permite practicar.   *The good thing about this is that it permits us to practice.*

Lo escrito presenta una historia de una época.	*What has been written provides a history of an epoch.*
Todo **lo** mío es tuyo.	*Everything that is mine is yours.*

Cuando el adjetivo ocurre con el artículo neutro, demuestra concordancia con el sustantivo a que se refiere.

Deberían ver lo roj**as** que se pusieron **las** niñ**as.**	*You should have seen how red the girls turned.*

Por lo general, el artículo definido se usa más en español que en inglés. Estudie el cuadro a continuación donde se resumen los casos en que se usa o se omite el artículo definido.

EL ARTÍCULO DEFINIDO: USOS DE MAYOR FRECUENCIA	
Los usos	*Las omisiones*
1. Se usa ante un sustantivo empleado en sentido general. Con **el** dinero no viene **la** felicidad. *Happiness does not come with money.* **El** ruido me molesta mucho. *Noise (in general) bothers me a lot.*	Se omite cuando se implica *some, any, each* o *many.* Necesito dinero para comprar carne. *I need (some) money to buy (some) meat.* Siempre hacen ruido cuando juegan. *They always make (some) noise when they play.* Se omite después de las preposiciones **de** y **para** en frases que modifican un sustantivo. Es un estante **para libros.** *It is a bookcase.* La gorra era **de lana.** *The cap was made of wool.*
2. Se usa ante un sustantivo empleado en sentido específico cuando se modifica. Pago la matrícula con **el dinero que mis padres** me mandan. *I pay tuition with the money that my parents send me.* En **la España medieval** los nobles tenían más poder que el rey. *In medieval Spain the nobles had more power than the king.*	
3. Se usa ante cada sustantivo en una serie. Pongan **los** libros, **los** papeles y **las** plumas en el suelo. *Put the books, papers, and pens on the floor.* Visitó **al** hermano y **al** padre de su amigo. *He visited his friend's brother and father.*	Se puede omitir el artículo si los sustantivos se refieren a una característica abstracta, o si los sustantivos se consideran una sola entidad. **La** belleza y talento de la artista impresionó a todos. *The beauty and talent of the artist impressed everyone.*
4. Se usa ante los sustantivos que se refieren a las partes del cuerpo y a las prendas de vestir.	Cuando existe una posibilidad de ambigüedad, se usa el adjetivo posesivo.

(continúa)

Los usos	*Las omisiones*
Miguel tiene **las** manos sucias. *Miguel's hands are dirty.* Tengo frío porque no traje **el** abrigo. *I am cold because I didn't bring my coat.*	Los niños miraron **mis** manos con fascinación. *The children looked at my hands in fascination.* **Tu** abrigo está en la silla; el **mío** está en el sofá. *Your coat is on the chair; mine is on the sofa.*
5. Se usa ante los títulos que indican posición social o profesión cuando se habla de una persona. **La** señora Morales no tiene hijos. *Mrs. Morales doesn't have any children.* Mi profesor favorito es **el** Dr. Sánchez. *My favorite professor is Dr. Sánchez.*	Se omite ante los títulos cuando se le habla *a* una persona. Sra. Morales, ¿cuándo pudiera Ud. venir a cenar? *Mrs. Morales, when could you come to dinner?* Gracias, Dr. Sánchez, por su ayuda. *Thank you, Dr. Sánchez, for your help.* Se omite ante los títulos **don, doña, Santo, Santa** y **San.** Fuimos a visitar a **don** Miguel. *We went to visit don Miguel.* **Santa** Clara es la patrona de este pueblo. *Saint Clara is the patron of this town.*
6. Se usa ante los nombres geográficos (mares, ríos, lagos, océanos, montañas, desiertos, etcétera). **El** Misisipí es larguísimo. *The Mississippi is very long.* En la frontera entre los dos países queda **el** lago Titicaca. *Lake Titicaca is located on the border between the two countries.*	Por lo general no se usa con los nombres de países y ciudades. Existe un pequeño número de países cuyos nombres suelen ir acompañados de un artículo definido (la Argentina, el Perú, los Estados Unidos, la China), aunque hoy se usan los artículos cada vez menos, especialmente después de las preposiciones. **Los** Estados Unidos y **la** China acaban de normalizar sus relaciones. *The United States and China have just normalized their relations.* Salen **de** Perú y van **para** Estados Unidos. *They are leaving Peru and heading toward the United States.*
7. Se emplea ante un nombre propio modificado. **La** pequeña Susana viene también. *Little Susan is coming, too.* El uso de un artículo ante un nombre propio no modificado connota desprecio hacia esa persona. **La** Susana estuvo por aquí, ¿verdad? *That Susan was around here, right?* Se emplea **los** ante el apellido de una familia para referirse a sus miembros. **Los** Anaya ya no viven aquí. *The Anaya family (the Anayas) no longer live here.*	Por lo general se omite ante el nombre propio de una persona. Susana viene también. *Susana is coming, too.*

(continúa)

EL ARTÍCULO DEFINIDO: USOS DE MAYOR FRECUENCIA	
Los usos	*Las omisiones*
8. Se usa ante los nombres de las lenguas. Pedro no comprende **el** griego. *Peter does not understand Greek.* Habla muy bien **el** francés. *She speaks French very well.*	Se omite cuando el nombre ocurre directamente después de las formas de **hablar, escribir, enseñar** y **aprender,** o después de las preposiciones **de, en** y **a.** Ese profesor enseña griego. *That professor teaches Greek.* El libro está escrito en francés. *The book is written in French.*
9. Se usa ante los nombres de los días de la semana, las estaciones del año y las expresiones para dar la hora. **El** domingo es el primer día de la semana. *Sunday is the first day of the week.* **El** otoño es mi estación favorita. *Fall is my favorite season.* Son **las** tres y media, ¿verdad? *It's three-thirty, right?*	Se omite cuando el nombre viene después de una forma de **ser** si no se modifica ni se habla de cuándo tiene lugar un evento. Si hoy es domingo, mañana será lunes. *If today is Sunday, then tomorrow must be Monday.* Pero: Hoy es **el** último domingo del mes. *Today is the last Sunday in the month.* El examen es **el** martes. *The test is on Tuesday.* Se omite ante los nombres de los meses. Octubre y noviembre son meses del otoño. *October and November are fall months.*
10. Se usa ante los sustantivos de peso y medida. Las manzanas están a $0,69 **la** libra. *Apples are 69¢ a pound.* Mi tía compró esa tela a $7,99 **la** yarda. *My aunt bought that fabric at $7.99 a yard.*	Se omite cuando se refiere a una cantidad general, no específica. Venden las manzanas por libra. *They sell apples by the pound.* Mi tía compra telas por yarda. *My aunt buys fabric by the yard.*
11. Se usa en frases con **a, de, en** + **clase, casa, misa** si el sustantivo se modifica o si se refiere a una clase, casa o misa específica. Va a **la** misa **de las siete.** *She's going to the seven o'clock Mass.* El profesor está **en la clase.** *The professor is in the class. (A specific class has been mentioned previously.)* Los niños están jugando **en la casa.** *The children are playing in the house. (A specific house is being indicated.)*	En general se omite en frases con **a, de, en** + **clase, casa, misa.** Va a clase. *She's going to class.* Viene de casa. *He's coming from home.* Están en misa. *They're at Mass.*

Actividad A. Agregue el artículo definido donde haga falta en las siguientes oraciones.

1. _____ perros son buenos compañeros para _____ niños.

2. Ella creía que _____ matrimonio ofrecía más seguridad.

3. En _____ inglés no hay tal palabra.

4. Mis tíos iban a visitar a _____ García.

5. Hay que cruzar _____ Atlántico para llegar a _____ Europa desde aquí.

6. ¿Dónde dejaste _____ sombrero?

7. _____ Sr. Montaño, ¿piensa Ud. que _____ agricultura puede resolver _____ problema de _____ hambre?

8. ¡Qué bien hablan ellos _____ japonés!

9. Ayer fue _____ sábado más frío del año.

10. Me parece que _____ profesor Miranda siempre espera _____ mejor de sus estudiantes.

11. ¿Es la fiesta _____ martes?

12. _____ gastado no se puede recobrar.

13. Siempre le duele _____ cabeza cuando hay mucha humedad.

14. Ese barco de vapor navega por _____ mar Mediterráneo.

15. Todos podemos contar con _____ muerte.

16. ¿Quiere Ud. _____ helado?

17. _____ domingos, siempre va a _____ misa.

18. _____ español, _____ francés y _____ italiano son lenguas romances.

19. _____ petróleo se agotará más rápido que _____ energía solar.

20. En _____ países tropicales, _____ ropa suele ser de _____ algodón.

Actividad B. Lea los párrafos que siguen e indique por qué se ha usado o se ha omitido el artículo definido en las palabras en *letra cursiva*.

1. *Los Gómez*[a] llegaron *el lunes*[b]. Habían viajado por muchos días. Fueron a *California*[c] para visitar las misiones. Siempre les ha interesado *lo religioso*[d] y en este viaje aprendieron muchísimo. *Los señores*[e] Lucero los acompañaron. Pasaron tantos días en el camino que les dolía *la espalda*[f] cuando volvieron a *casa*[g]. *Los viajes*[h] pueden causar *problemas*[i] a *los viejos*[j].

a. _____

b. _____

c. _____

d. _____

e. _____

f. _____

g. _____

h. _____

i. _____

j. _____

2. Era *viernes*[a] y *el profesor*[b] Despistado había preparado el *examen*[c] semanal. Cuando llegó *al aula*[d] vio que no había nadie en *clase*[e]. Se enojó un poco porque creía que los estudiantes llegarían tarde. «*Los estudiantes*[f] siempre tienen miedo de *las pruebas*»[g], pensó. Entonces miró su *reloj*[h] y se dio cuenta de que eran solamente *las nueve y media*[i]. Su clase no empezaría hasta dentro de dos horas. Decidió volver a *casa*[j] a leer el periódico y a tomarse otra taza de *café*[k].

a. _____

b. _____

c. _____

d. _____

e. _____

f. _____

g. _____

h. _____

i. _____

j. _____

k. _____

Actividad C. Exprese las siguientes oraciones en español.

1. Our neighbors went to El Paso to visit their daughter-in-law's family. _____

_____

2. I'm allergic to cats but not to dogs. _____

_____

3. Those boys are John's first cousins. _____

_____

4. Nowadays, popular music is more interesting because of its variety.

_____

_____

5. The Morenos had their annual reunion during the summer. _____

_____

_____

6. Some of us are studying Italian in addition to Spanish. _____

_____

_____

7. They always go to Midnight Mass on Christmas Eve; then they

have supper and open the presents. _____

_____

8. Lake Michigan is the only one of the Great Lakes that does not

border on Canada. _____

_____

9. It's very difficult for me to wake up early on Monday mornings.

_____

_____

10. I wish I had invested some money in gold a few years ago, because

it's now being sold for lots more than $400.00 an ounce. _____

_____

_____

El uso del artículo indefinido

El artículo indefinido tiene una forma masculina (**un**) y una femenina
(**una**); ambas concuerdan en número con el sustantivo que modifican:
un libro, **unos** libros; **una** casa, **unas** casas. La excepción a esta concordancia es el uso del artículo masculino singular ante un sustantivo
femenino que empiece con **a** acentuada.
Vieron **un** águila enorme.
Note que el uso del artículo masculino no afecta la concordancia del
adjetivo.
Es **un** hacha nueva.
Se usa el artículo femenino cuando el sustantivo es plural.
Son un**as** águil**as** enormes.
Por lo general, el artículo indefinido se usa más en inglés que en español. Estudie el cuadro a continuación donde se resumen los casos en
que se usa o se omite el artículo indefinido.

EL ARTÍCULO INDEFINIDO: USOS DE MAYOR FRECUENCIA	
Los usos	*Las omisiones*
1. Se usa para referirse a entidades no específicas. Hay **una** mujer en la sala. *There is a woman in the room.* Debes comprar **un** diccionario. *You should buy a dictionary.*	
2. Por lo general, se usa ante un sustantivo modificado. Es **un** médico famoso. *He is a famous doctor.* ¿Tienes **un** reloj nuevo? *Do you have a new watch?*	Se omite ante los nombres de profesión, ocupación, religión y nacionalidad. Ella es médica; es católica; es norteamericana. *She is a doctor; she is Catholic; she is an American.*
3. Se usa para expresar el concepto de **número.** ¡Apresúrense! Sólo nos queda **una** hora. *Hurry up! We only have one hour left.* ¿Tiene Ud. **una** reunión mañana? *Do you have a (single) meeting tomorrow?* Se usa la forma plural para expresar la idea de *some, a few, several.* En la mesa había **unos** libros viejos. *On the table were several old books.*	Se omite después de los verbos **tener, buscar, encontrar** y **haber** si no se modifica el sustantivo, ni se implica el concepto de número. Buscan casa. *They are looking for a house.* ¿Tiene Ud. reloj? *Do you have a watch?* ¿Hay solución? *Is there a solution?*
4. Se usa después de **sin, con** y en las expresiones negativas cuando se quiere dar énfasis al concepto de número. No tiene ni **un** solo amigo. *He doesn't have a single friend.* No han dicho ni **una** palabra. *They haven't said one word.*	Se omite después de **sin, con** y en construcciones negativas. Vino sin abrigo; salió con paraguas. *He came without a coat; he left with an umbrella.* No han dicho palabra. *They haven't said a word.*
5.	Se omite antes de cualquier forma de **otro** o **cierto** y antes de **mil, cien/ciento** y **medio.** Necesito **otro** bolígrafo; este ya no funciona. *I need another pen; this one is no longer working.* Hay **cierto** número de personas que nunca asiste. *There is a certain number of people who never attend.* Puede que asistan. **cien** o **mil.** *Perhaps a hundred or a thousand will attend.* Se omite después de **tal** y **qué** en exclamaciones. No sé lo que haría si **tal** cosa me ocurriera. *I don't know what I would do if such a thing happened to me.* ¡**Qué** fiesta! *What a party!*

Actividad A. Decida si se necesita un artículo indefinido en los siguientes casos y complete la oración con la forma correcta.

1. ¡Qué _____ músico! Tiene _____ talento enorme.

2. ¿Hay _____ problemas? ¿No tienen Uds. ni _____ pregunta?

3. Mi padre es _____ dentista; mi madre es _____ contadora.

4. Sin _____ corbata, no le podemos servir.

5. Yo creo que podríamos aprender más con _____ otro libro.

6. No hay _____ persona que lo entienda.

7. El lago es puro todavía; tiene _____ agua cristalina.

8. Hay _____ estudiante que habla tal _____ lengua en nuestra clase.

9. No hubo _____ manera de hacerle cambiar de opinión, aunque se lo dijimos _____ mil veces.

10. Hay _____ otra cosa que me molesta mucho: ¡el fumar!

Actividad B. Exprese las siguientes oraciones en español.

1. Do you have a brother? _____

_____

2. She is a Democrat; her husband is a Republican. _____

_____

3. Mr. Molina is a very good teacher. _____

_____

4. They didn't understand a word. Without an interpreter, they were lost. _____

_____

5. I don't have a single cent. _____

_____

6. What a bargain! I just paid $100 for a Picasso! _____

_____

7. They are looking for a secretary. They need a person who is fluent in Quechua. _____

_____

8. A computer is another thing we need; a lot of things are easy with a computer. _____

_____

9. We'll be happy if a hundred people attend the concert. _____

_____

10. It's true that she's an artist, but she's not yet a well-known painter.

_____

_____

REPASO DE ASPECTOS GRAMATICALES

Si Ud. quiere repasar el uso del **gerundio,** consulte la **Tercera etapa** del **Capítulo 6** del libro de texto.

El uso del gerundio

El uso verbal del gerundio

Actividad A. Exprese en español los verbos que aparecen en *letra cursiva* en las siguientes oraciones. ¡OJO! No siempre es posible usar un tiempo progresivo.

1. _____ cuando nos llamó el director.
 (*We had been reading*)

2. Aunque nadie le escuchaba, _____.
 (*she continued singing*)

3. _____ por la calle.
 (*They came running*)

4. No le pude hablar porque _____ a alguien.
 (*he was interviewing*)

5. Paquita _____ cuando la llamó su tía abuela.
 (*was sewing*)

6. La última vez que lo vi, _____ su disco nuevo.
 (*he was listening to*)

7. _____ tomates cuando empezó la tormenta.
 (*We were planting*)

8. _____ enfrente de su casa desde la mañana.
 (*He has been walking*)

9. Seguramente _____ por México.
 (*they will be traveling*)

10. _____ este viaje desde hace tiempo.
 (*We had been planning*)

Actividad B. Determine cuáles de las siguientes oraciones se pueden expresar en español usando un tiempo progresivo y cuáles no se pueden. Explique por qué.

1. My neighbors are having a party tonight. _____

_____

2. Martha was studying in the library when I saw her last. _____

_____

3. The woman was reclining on the sofa. _____

_____

4. She's sending them a tray for their anniversary. _____

_____

5. I've been cleaning the house since 9 A.M. _____

_____

6. We're leaving for Europe next month. _____

_____

7. The children are setting the table. _____

_____

8. Many people are standing in front of the theater. _____

_____

9. My grandparents were working in the garden when they got the

news. _____

_____

10. I'm going to the meat market to buy some chicken. _____

_____

Actividad C. Exprese en español los verbos que aparecen en *letra cursiva* en el siguiente pasaje. ¡OJO! No siempre es posible usar un tiempo progresivo.

Era tarde. _____[1]. Mi madre
      (*It was raining*)

_____[2] en el sofá grande.
 (*was sitting*)

_____[3] un libro de misterio. Mi abuela
(*She was reading*)

_____[4] un suéter de color oscuro. Beatriz y yo
(*continued to knit*)

_____[5] barajas hasta que dieron las ocho. En eso
(*had been playing*)

oímos un ruido fuerte y luego un grito angustioso. Abrimos la ventana

y vimos que _____[6] dos muchachos.
    (*were coming closer:* acercarse)

Uno de ellos _____[7] un paquete enorme.
    (*was [coming toward us] carrying*)

El otro parecía cansado. Cuando tocaron a la puerta, mi abuela ya se

había levantado de su silla y _____[8] a llamar a la
       (*she was beginning*)

policía.

Actividad D. Exprese las siguientes oraciones en español. Preste atención especial al contexto antes de determinar si se requiere el gerundio u otra forma.

1. The children continued playing even after it started to rain. _____
   _____

2. Dad wrote to tell us when he would be arriving. _____
   _____

3. My neighbor's son has been practicing basketball all summer. _____
   _____

4. The conductor was already standing in front of the orchestra
   when the lights went out. _____
   _____

5. On the night before an exam, the professors hope that the students are studying and not out drinking. _____
   _____

6. The last time I saw Mr. Vigil, he was reclining very comfortably in a hammock in the yard. _____
   _____

7. If I know Dolores, she will be writing her paper long after
   midnight. _____
   _____

El uso adverbial del gerundio

Actividad. Exprese las siguientes oraciones en español, usando el gerundio.

1. I spent the day thinking of you. _____
   _____

2. By collecting all the money himself, Billy saved a lot of time. _____
   _____

3. Waiting for his train, she realized how much she had missed him.
   _____
   _____

4. Seeing that we didn't want to enter the office, he came out to talk
   to us. _____
   _____

5. Since I was feeling ill, I refused to go to the concert. _____

_____

6. While she was bringing the wine, she fell. _____

_____

7. Not earning much, we had to borrow some money from our

parents. _____

_____

8. The old man spent the winter cutting down trees. _____

_____

9. Seeing how beautiful the table was, he decided to buy it. _____

_____

10. Last night after the game they went all over the city singing and

shouting. _____

_____

Usos inapropiados del gerundio

Actividad. Exprese en español las oraciones a continuación, prestando atención a la terminación *-ing* en cada caso. Determine si se debe usar el gerundio en español.

1. She gave me some pretty writing paper for my birthday. _____

_____

2. Eating a lot without exercising will make you gain weight

(**aumentar de peso**). _____

_____

3. We're taking singing lessons this semester. _____

_____

4. They said they saw a flying saucer (**platillo volador**) last night.

_____

_____

5. The man standing in front of the store is collecting aluminum cans.

_____

_____

6. Good reading skills (**destrezas**) are essential to success in school.

_____

_____

7. The box containing his toys is in the basement. _____

_____

8. My roommate kept studying after I went to bed. _____

_____

9. They're going to buy their wedding rings. _____

_____

10. The apartment didn't have running water or electricity. _____

_____

Un poco de todo

❖ **Actividad.** Exprese las siguientes ideas en español, utilizando técnicas para evitar las oraciones demasiado simples. Cuidado con las formas pasivas, los pronombres relativos, los tiempos verbales y las formas no personales del verbo.

VOCABULARIO ÚTIL

to become obsessed **obsesionarse**

computer gaming **los juegos electrónicos en línea**

entertainment, amusement **el entretenimiento**

fans **los fanáticos**

to get involved **meterse**

relaxation **el esparcimiento**

video games **los videojuegos**

1. Computer gaming is a growing phenomenon in many parts of the world. It brings together gaming fans in small and large groups to compete against players around the corner or around the globe. These "LAN parties" (**los tarreos**) can last from an hour or two to 24 hours. There are national and international competitions and even World Cyber Games that draw the best players from more than 70 countries.

_____

_____

_____

_____

_____

_____

_____

_____

2. Computer games are entertaining and a source of mental exercise. They require skills and offer challenges to the competitors. However, young people can become so involved in the virtual world of these games that they ignore other important activities.

This is the problem documented in an article that was published recently in a Chilean magazine.

_____

_____

_____

_____

_____

3. According to the article, addiction to computer gaming by teens and young adults has become a concern for many families, who worry that these games are taking too much time away from family, friends, studies, and outdoor activities such as sports and hiking. As a result, relationships and skills that young people will need as they mature are not being developed.

_____

_____

_____

_____

_____

_____

_____

4. The author, a psychiatrist who treats children and adolescents, agrees. During these games, young people are together, but each person is playing on his or her own computer, there is no dialogue, they don't even look at one another. It is not that computer gaming leads to addiction for everyone, but there are certain personality types that can end up becoming obsessed by them. These include people who are very timid or who have difficulty establishing interpersonal relationships. Also included are those who are extremely competitive and tend to become "stuck" on one idea or activity and ignore other aspects of their life.

_____

_____

_____

_____

_____

5. Since so many young people are afflicted by this addiction, concern on the part of the family, school, and community is natural. The article recommends that parents talk to their children about all the things they are missing by spending so much time with the computer. Parents, without completely prohibiting computer games, should also help young people to organize their time so that they can continue to play the games without becoming addicted.

_____

_____

_____

_____

_____

_____

CORRECCIÓN DE PRUEBAS: FORMAS

Actividad A. Revise y corrija el siguiente pasaje, prestando atención especial a los usos del gerundio.

Bailando es lo más importante en la vida de Peter Martins.

Recientemente ha estado teniendo que decidir entre bailando y

dirigiendo una de las compañías de baile más célebres de los Estados

Unidos: el Cuerpo de Ballet de la ciudad de Nueva York.

Hace poco, el reportero de una revista semanal entrevistó a

Martins y supo que había elegido dirigiendo en vez de bailando.

Martins dijo que su meta siempre había sido dirigiendo un cuerpo de

ballet. Ahora que tiene esta oportunidad, ni siquiera bailando lo dis-

traerá de dirigiendo. Habiendo hecho su decisión, Martins bailará

por última vez en noviembre. Quiere terminar su carrera de bailarín

como la empezó: bailando *El cascanueces*.

Actividad B. Revise y corrija el siguiente párrafo. Preste atención especial a los usos del indicativo y del subjuntivo.

EN SU LIBRETA...

siga estos mismos pasos para revisar el borrador de su propio escrito para la tarea de este capítulo.

Es posible que nunca se saben las causas del éxito artístico. Hay

muchas opiniones al respecto, pero nadie dice que el talento sea lo

más importante. La realidad es que el éxito generalmente se debe a

una serie de coincidencias, aunque muchos artistas se nieguen a

admitirlo. Con frecuencia, cuando un joven busca la fama, se dirige a Hollywood o a Nueva York. Antes de que triunfa, sin embargo, tendrá que pasar hambre y sufrimiento, ya que allí descubre que su talento, que parecía extraordinario en su pueblo, no es sino mediocre en la gran ciudad. A menos que tiene personas conocidas o amigos que lo ayudan, no llegará muy lejos. Y lo triste es que cuando por fin logra destacarse, muchas veces no volverá a dar la mano a otros.

REPASO DE VOCABULARIO ÚTIL: LAS TRANSICIONES; RESUMIENDO Y COMENTANDO LA ACCIÓN DE UNA OBRA

I. El vocabulario para marcar las transiciones

VOCABULARIO PARA MARCAR LAS TRANSICIONES	
a su vez, por su parte	por ejemplo
así, de ese modo	por eso
aún, todavía	por lo general, generalmente
aunque, si bien	por suerte, por fortuna, afortunadamente
cada vez más (menos) + *adjetivo*	primero... , segundo...
en buena medida, en gran parte	quizás, a lo mejor
para empezar (terminar)	sino (que)
pero	también/tampoco
por ahora, por el momento	una... , otra
por desgracia, desgraciadamente, desafortunadamente	ya que, puesto que

Actividad. ¿Qué palabra o frase de la segunda columna es sinónimo de la palabra o frase en *letra cursiva* de la primera columna?

1. _____ El presidente, *por su parte,* nunca entendió que su vida estaba en peligro.

2. _____ *En buena medida,* todos estos problemas se deben a los efectos climáticos de «El Niño».

    a. ya que
    b. a lo mejor
    c. desafortunadamente
    d. a su vez
    e. para terminar
    f. por suerte
    g. en gran parte

3. _____ *Quizás,* después de esta conferencia, será más fácil encontrar una solución.

4. _____ *En conclusión,* hay cuatro puntos clave.

5. _____ *Por desgracia,* esa noche no había médico bilingüe.

II. El vocabulario para comentar un texto argumentativo

VOCABULARIO PARA RESUMIR LA ACCIÓN DE UNA OBRA
a manera de ilustración se analizarán (dos, cinco) aspectos
el autor es un (químico, prosista, deportista) conocido principalmente por...
el propósito fundamental del autor es...
el valor de la obra reside en...
en conjunto, la obra de... se caracteriza por...
la acción se reduce a lo siguiente:
la obra consta de (*número*) (capítulos, partes, estrofas)
la postura fundamental que aquí se asume es...
la trama puede resumirse como sigue:
uno de los rasgos característicos es...
otro rasgo sumamente notable es...

VOCABULARIO PARA COMENTAR	
estribar en, radicar en	Las dificultades críticas estriban en la estructura del poema.
hacer hincapié (en), hacer resaltar, rayar, recalcar, subrayar	Los símbolos hacen resaltar la futilidad de las acciones.
advertir, apuntar, señalar, indicar	El fracaso de sus relaciones con su hijo señala un problema más agudo.
vincular (con), relacionarse (con)	Estas características están vinculadas con el abandono que experimentó durante su niñez.
suscitar, provocar	El carácter del protagonista suscita enormes dificultades para el lector.
consta que	Consta que los abusos durante su niñez lo convirtieron en un adulto cruel, sin conciencia.
poner en duda	La repetición de estos elementos pone en duda su interpretación.
rechazar, descartar, invalidar	Es necesario descartar esos argumentos: no concuerdan con la evidencia.
abarcar, incorporar, incluir	Las nuevas teorías abarcan mucho más evidencia que las antiguas.

Actividad. ¿Qué palabra o frase de la segunda columna es sinónimo de la palabra o frase en *letra cursiva* de la primera columna?

1. _____ Estas características del protagonista *están relacionadas* con su larga lucha contra el gobierno.

2. _____ Las acciones del protagonista *señalan* su rechazo de las autoridades.

3. _____ El tono de la obra *recalca* la futilidad de la lucha.

4. _____ La interpretación tradicional no *incluye* todas las posibilidades.

5. _____ Con esta nueva información, es posible *invalidar* su teoría.

a. hacer resaltar
b. provocar
c. descartar
d. advertir
e. vincular
f. abarcar
g. suscitar

CORRECCIÓN DE PRUEBAS: EL LENGUAJE Y LA EXPRESIÓN

❖ **Actividad.** Revise y corrija el siguiente pasaje, basado en el cuento «Instrucciones para John Howell» del escritor argentino Julio Cortázar. Preste atención especial a los usos del subjuntivo, a la selección de **ser** y **estar,** al uso de los pronombres relativos y a los usos de las formas no personales del verbo. Subraye lo que se debe cambiar y utilice el espacio a la derecha para escribir las correcciones.

Texto: El teatro: Un escenario natural para un drama absurdo

Cambios sugeridos

En el cuento «Instrucciones para John Howell», todo el mundo es raro; nada es normal. Ninguno de los personajes o acciones es lo que se espera. Porque de eso, la historia del cuento tiene que ocurrir en un teatro, que «no es más que un pacto con el absurdo».

En el público, a nadie le gusta el primer acto de la obra; el personal decide introducir a un miembro del concurso para representar el papel de John Howell, protagonista de la obra teatral. El hombre alto, el hombre vestido de gris y el otro hombre obligan a Rice, un hombre desconocido, a actuar. Pensando que una persona «real»

_____
_____
_____
_____
_____
_____
_____
_____
_____
_____
_____

puede representar a John Howell mejor que un actor, los tramoyistas escogen a una persona que no está actor para actuar. Nadie le pregunta a Rice si él quiere participar en la obra; simplemente le explican el trama y lo empujan al escenario. Entre actos, le dan güisqui, cual es curioso porque deben saber que el alcohol le va afectar durante el resto de la drama.

Todo el drama es absurdo. En el segundo acto, Eva está hablando sobre nada en particular: explica sus preferencias, su dolor de cabeza y otras cosas. Nada de que ella dice se relaciona con la historia excepto la frase «No dejes que me maten». Es extraño teniendo solamente una frase importante en toda una escena. En el resto de la escena, las acciones de los otros actores no nos revelan nada para explicar el cuchicheo de Eva.

La tercera escena está aún más absurda que la segunda. Al fin de la escena, Rice es ya medio borracho, y está confundiendo la realidad con la ficción. Trata de salvarle la vida a Eva. Desafortunadamente, esto les pone furioso a los tramoyistas quienes deciden sacar a Rice del drama. Esta acción es increíble —es obvio que el público va a notar que hay un actor nuevo haciendo el papel de John Howell— pero al mismo tiempo apoya la postura presentada anteriormente: el teatro es el lugar perfecto para una historia absurda.

El ambiente de un teatro es completamente absurdo y es por eso que la obra «Instrucciones para John Howell» tiene que presentarse en un teatro. Es el único lugar en donde los individuos pueden decir y hacer cosas anormales y el resto del mundo lo acepta. En un teatro se puede hacer cualquier cosa sin causando un escándalo.

Apéndice

Respuestas a los ejercicios de gramática

CAPÍTULO 1

Primara etapa: Antes de redactar

Aspectos estilísticos

El lenguaje vivo: Connotación y denotación

A. *1.

CARO positivo ↑		BARATO negativo ↓
suntuoso dispendioso valioso apreciable	una chuchería una ganga	
vulgar exagerado aparatoso	chasco común engañoso sin valor despreciable	

*2.

NUEVO positivo ↑		VIEJO negativo ↓
reciente moderno	anciano maduro antiguo probado	
inexperto experimental no probado verde	usado acabado manoseado	

*3.

IMPORTANTE positivo ↑		NO IMPORTANTE negativo ↓
significativo transcendente	seguro ligero asequible	
pomposo afectado	frívolo poco profundo banal	

*4.

ATRACTIVO positivo ↑		NO ATRACTIVO negativo ↓
bello guapo magnético	sin adorno ordinario simple	
exagerado ostentoso	feo horripilante inadecuado	

Si Ud. vio «❖» junto a alguna actividad, esto significa que **NO** se incluyen las respuestas en el **Apéndice**. Si las respuestas llevan «*» significa que varían.

	beneficioso	inservible	
	una herramienta	no provechoso	
	provechoso	dudoso	
ÚTIL	práctico	impráctico	INÚTIL
positivo ↑	asequible	sin valor	negativo ↓
	no teórico	basura	

Tercera etapa: La revisión de la forma y la preparación de la versión final

Repaso de aspectos básicos: La estructura de la oración

A. 1. C   2. Su   3. C   4. Su   5. C   6. Su   7. Su   8. Si

B. 1. C   2. Su: el médico prefiere   3. Su: no creían   4. C   5. C
6. Su: decidieron no continuar con la huelga   7. C   8. Su: las reuniones semanales son obligatorias

C. 1. El año pasado fuimos a Oaxaca. Estudiamos en una escuela de arte allí.   2. Mis padres quieren comprarme una nueva computadora. Todavía no sé cuál prefiero.   3. Durante el otoño vemos miles de gansos y grullas. Vienen desde su hábitat en Canadá hasta Nuevo México. Pasarán el invierno en un refugio. El refugio se llama Bosque del Apache.   4. Hay un señor sentado al lado del director del teatro. Es un actor de muchos talentos. Ha salido en varias películas. Hizo el papel del galán en una comedia romántica. Fue un asesino en un drama policíaco.   5. A Adriana le encantan los deportes. Sus favoritos son los que se juegan durante el invierno. Uno de ellos es el baloncesto. Es aficionada a los equipos universitarios. Tiene muchos amigos que participan en ellos.   6. Quiero comprarme una casita. En ella podré hacer lo que quiera. Podré entretener a mis amigos. Nadie se preocupará de qué dirán los vecinos. Debo empezar a trabajar y ganar dinero.   7. Hace cuatro o cinco años yo me ponía muy nerviosa. Esto ocurría cuando un maestro me hablaba. También pasaba cuando me hacía preguntas. Ya no es así. Ahora tengo más confianza. Puedo participar en discusiones. Puedo responder a preguntas. No me desmayo ni balbuceo. (No me desmayo. No balbuceo.)

Repaso de aspectos gramaticales: *Ser* y *estar*: Usos de mayor frecuencia

Usos en que el juicio se basa en la estructura gramatical
A. 1. a. es (S)   b. Es (S)   c. está (G)   d. Está (G)   e. son (A)
2. a. Es (S)   b. Es (A)   c. están (G)   d. es (S)   e. es (S)

B. 1. ¿Cuándo es el concierto? (*tiempo*)   2. Estaban cantando cuando se apagaron las luces. (*gerundio*)   3. Mi prima quiere ser abogada cuando sea mayor. (*sustantivo*)   4. Los niños están mirando (viendo) un programa nuevo en la televisión. (*gerundio*)   5. Don Juan es el nombre de un personaje famoso en la literatura española. (*sustantivo*)   6. Los Aguilar son acróbatas con un nuevo circo. (*sustantivo*)

Usos en que el juicio se basa en el significado de la oración
A. 1. a. sustantivo   b. condición   c. lugar de un evento   2. a. lugar de una cosa   b. sustantivo   c. condición   d. lugar de una cosa
3. a. característica   b. sustantivo   c. condición   d. lugar de un evento

B. 1. a. está   b. Está   c. es   2. a. está   b. Es   c. está   3. a. está
b. es   c. son   d. son   4. a. está   b. Es

Usos de *ser* y *estar* con adjetivos   A. 1. a. rich (*característica*)
b. delicious (*cambio, condición*)   2. a. is (*característica*)   b. looks (*cambio, condición*)   3. a. long (*característica*)   b. felt (unusually) long (*condición que sintió*)   4. a. boring (*característica*)   b. bored (*condición*)   5. a. big size (*característica*)   b. big for someone (*condición*)

B. 1. estás   2. Es   3. es (*característica*)   4. está   5. estás   6. eres
(*característica*) *or* estás (*condición*)   7. Es   8. es   9. es   10. estar
(*condición*)   11. estar   12. es   13. eres   14. estoy   15. eres
16. está   17. es   18. son   19. es (*característica*) *or* está (*condición*)
20. es   21. Es   22. estás   23. estoy   24. ser   25. es   26. estar

C. 1. fue   2. es   3. es   4. está   5. son   6. es   7. está   8. es   9. Es
10. es   11. es   12. es   13. es   14. Está   15. es   16. es   17. están
18. es   19. está   20. es

D. 1. Esos hombres quieren estar aquí para el desfile.   2. Los caminos que entran en la ciudad siempre están muy llenos.   3. Por favor, trata de estar listo temprano. Queremos estar en el estadio antes de las siete de la tarde.   4. Esa bebida no es buena para los niños.   5. ¿Cómo está tu padre? Sé que ha estado malo.   6. ¿Cómo es la nueva profesora de biología? Mis amigos dicen que es muy interesante.   7. La comida en este restaurante está muy buena y los precios son razonables.   8. Me dijo que su esposa es nerviosa y enfermiza.   9. La cena será en el nuevo hotel cerca del centro de asamblea (convenciones).   10. Muchas películas extranjeras son excelentes, pero la que vi anoche era muy aburrida.

Corrección de pruebas: Formas

a. ser   b. Estarán   c. serán   d. serán   e. estarán   f. está   g. estado
h. serán   i. estén   j. estará   k. estaremos

Repaso de vocabulario útil: La realidad espacial; la descripción de personas

A. 1. Al entrar   2. A la derecha   3. la izquierda   4. al fondo (hacia atrás)   5. la derecha   6. Debajo de   7. delante de   8. A un lado
9. En (En medio d[el])   10. A un lado d(el)   11. entre   12. Hacia enfrente   13. encima de   14. Al salir

*B. 1. tímida   2. verdes   3. chata   4. castaño   5. rizado   6. redonda
7. regular   8. blanca   9. gafas   10. pantalones vaqueros   11. zapatos de tenis   12. traje pantalón   13. botas   14. la chaqueta

CAPÍTULO 2

Primera etapa: Antes de redactar

Aspectos estilísticos: Cómo distinguir entre el trasfondo y la acción en la narración

A. *situación previa:* had broken   *trasfondo:* was standing, was trying to fix, looked, she could hear, playing, approaching, seemed   *acción:* stopped, got out, looked around, walked

Aspectos estilísticos: Vocabulario vivo

*1. a. ofrece b. mejorar 2. a. sufren b. explicó c. acudir
3. a. Abundan b. faltan 4. a. habitantes b. rehúsan 5. a. alguien
b. con facilidad c. llega a d. expresarse

Tercera etapa: La revisión de la forma y la preparación de la versión final

Repaso de aspectos básicos: Las preposiciones *a* y *en*

A. 1. a 2. en, a 3. en 4. a 5. a 6. en 7. A 8. en 9. en 10. a

B. 1. a 2. a 3. a 4. en 5. en 6. en, a 7. a 8. En 9. en, en 10. al

Repaso de aspectos gramaticales: Los tiempos pasados

El pretérito y los tiempos perfectos A. 1. *acción completada, acción completada antes de un punto en el pasado* 2. *acción completada con relación al presente* 3. *acción completada* 4. *acción completada antes de un punto en el pasado* 5. *acción completada con relación al presente*

B. 1. no 2. sí 3. sí 4. sí 5. sí 6. no

El uso del pretérito y del imperfecto en la narración A. 1. había
2. Era 3. dormían 4. llegó 5. vestía 6. estaba 7. decidió 8. Sabía
9. iba 10. vivían 11. sentó 12. apoyó 13. permaneció 14. abrió
15. salía 16. Estiró 17. caminó

B. 1. *acción completada* 2. *descripción* 3. *accion empezada en el pasado que continúa* 4. *descripción* 5. *acción anticipada desde un momento en el pasado* 6. *acción continúa* 7. *acción completada* 8. *acción completada* 9. *acción completada* 10. *acción anticipada desde un momento en el pasado* 11. *acción completada* 12. *estado físico*

C. 1. se originó 2. llamaba 3. se refería 4. llevaron 5. se difundió
6. escribieron 7. formalizaron 8. iban 9. entró 10. invadieron
11. conocieron 12. podía 13. sabían 14. fue 15. mantuvieron
16. hubo 17. se impusieron 18. obtuvieron 19. se convirtió
20. incluía 21. tenía 22. adquirió 23. tuvo 24. existía

D. 1. El conductor hablaba con algunos de los pasajeros cuando de repente el tren se detuvo. 2. Había mucha gente en el cuarto cuando la muchacha se desmayó. 3. Cuando éramos niños, a menudo visitábamos un parque que estaba cerca de su casa. 4. ¿Cuándo regresaron?

Pensaba que tenían reservaciones para dos meses.   5. En 1925, mi abuelo salió de la isla y trabajó en un barco por unos meses.   6. Se dio cuenta de que no tenía el dinero para invitar a Lisa al cine, pero le daba vergüenza decírselo.   7. Después de que ocurrió el accidente, un hombre salió corriendo por la puerta; se vestía (iba vestido) de gris y llevaba (usaba) anteojos.   8. El presidente habló a las nueve de la mañana, pero mucha gente no pudo escucharlo porque estaba en el trabajo.   9. Columbo siempre llevaba un impermeable viejo y fumaba un cigarro; sus preguntas parecían tontas, pero siempre pudo atrapar al criminal.   10. Recuerdo que cerraban las escuelas cuando había una nevada grande.

E. 1. Tenía   2. iba   3. interesaba   4. se usaban   5. había oído
6. había   7. empecé   8. Me saqué   9. bajé   10. Me di   11. estaba
12. iban   13. tenía   14. había preguntado   15. Cerré   16. había dejado   17. Guardé   18. miré   19. se apartó   20. escondió
21. dormía   22. estaba   23. Me sentí   24. Oí   25. me sentí

F. 1. me desperté   2. sabía   3. estaba   4. estaba   5. me levantaba
6. estaba   7. había llegado   8. me acosté   9. jugaba   10. supe
11. había puesto   12. miré   13. Eran   14. iba   15. me sentía
16. se había dado   17. estaba   18. estaba   19. Me levanté

G. 1. La policía detuvo (ha detenido) al hombre que robó esa tienda.
2. Ya habíamos terminado (acabábamos) de limpiar la casa cuando ofreció su ayuda (ofreció ayudarnos).   3. ¿Tradujiste ese ejercicio ayer?
4. Se armó un gran lío porque el perro ladraba (estaba ladrando) justo fuera de la ventana.   5. Me dijeron lo que había pasado y traté de calmarlos.

Corrección de pruebas: Formas

A. 1. a. veía → vi   b. OK   c. Se vio → Se veía   d. OK   e. OK
f. OK   g. OK   h. OK   i. preguntaba → pregunté   j. OK   k. pensé → pensaba   l. desaparecía → desapareció   m. Miraba → Miré   n. podía → pude   o. se fueron → se habían ido   p. Esperaba → Esperé   q. volvieron → volvían   r. permaneció → permanecía   2. a. Fue → Era
b. OK   c. OK   d. se fueron → se habían ido   e. hablaba → habló
f. habló → hablaba   g. jugó → jugaba   h. OK   i. Pareció → Parecía

B. Elena hablaba mientras yo comía. Me dijo que quería que yo la ayudara a ella con su tarea. Me explicó que su profesor era muy exigente. Yo pensé por un momento y luego le dije que no podía ayudarla. Le conté que no tenía tiempo, pero no la miré a los ojos porque sabía que había mentido.

C. La fiesta de María fue en el espléndido salón presidencial del Hotel Ritz. Todos los invitados estuvieron bailando ahí hasta las cuatro de la mañana. La mamá de la festejada estaba cansadísima, pero su papá estaba feliz. Los primeros en llegar fueron los miembros de la familia. Como era invierno, no pudieron usar los jardines del hotel y pronto empezaron a abanicarse mucho porque tenían mucho calor. Aunque varias ventanas estaban abiertas, el aire del salón era insoportable. María estaba preciosa. Su vestido era de seda bordada con pequeñas perlas. Era de color blanco, un color que le quedaba muy bien.

Repaso de vocabulario útil: La cronología; reportando el diálogo

A. 2, 7, 16, 18, 11, 21, 5, 13, 1, 15, 3, 6, 10, 20, 12, 14, 19, 9, 17, 8, 4

C. 1. antes de   2. Al   3. luego   4. Al cabo de / Después de
5. Finalmente   6. Mientras   7. Tan pronto como / Cuando   8. luego
9. Después de / Al cabo de   10. por fin

D. 1. a. preguntó   b. respondió   c. protestó   d. exclamó   2. a. suplicó
b. pregunté   c. lamentó   d. sugerí   3. a. dijo   b. prometí
c. murmuró   d. pregunté   e. exclamó   f. contesté

CAPÍTULO 3

Primera etapa: Antes de redactar

Aspectos estilísticos: Combinar oraciones por medio del participio pasado

A. 1. Examinados los paquetes, el jefe firmó el recibo.   2. Tomada la decisión, ellos se sintieron muy aliviados.   3. Cerradas las facultades, no había lugar en donde los estudiantes pudieran reunirse.   4. Escrito el trabajo, Marta pudo concentrarse en su presentación para el día siguiente.   5. Casados hace más de siete años, Reinaldo y Mariluz han tenido unas relaciones muy difíciles.

B. 1. Destruidas muchas de las casas en una tormenta enorme, un gran número de personas tuvo que buscar refugio esa noche.   2. Acabados los ensayos, la obra se estrenará este viernes y se presentará los próximos cuatro fines de semana.   3. Preparados los bizcochitos, se los llevaré a mis vecinos porque me encanta compartir estas delicias con todo el mundo.   4. Cubiertas las carreteras de nieve, no se movía nada, ni la gente ni el tráfico.   5. Formulado un plan para el congreso de profesores, la asistente se lo ha enviado a su jefe y al comité para que lo aprueben.

Tercera etapa: La revisión de la forma y la preparación de la versión final

Repaso de aspectos básicos: Las preposiciones *por* y *para*

A.   1. a. He became a doctor for his parents. (*objetivo*)   b. He became a doctor on account of his parents. (*motivo*)   2. a. I'll do it by (for) tomorrow. (*límite temporal*)   b. I'll do it in (during) the morning. (*tránsito temporal*)   3. a. He/She wants $10 (to be used) for the book. (*objetivo*)   b. He/She wants $10 (in exchange) for the book. (*cambio*)
4. a. He/She left for the countryside. (*destinación*)   b. He/She set out through the countryside. (*tránsito espacial*)   5. a. I work for my aunt (she's my employer). (*propósito*)   b. I work for (in place of) my aunt. (*cambio*)

B.   1. por (*cambio*)   2. para (*destinación*) or por (*tránsito espacial*), por (*tránsito temporal*)   3. Para (*comparación*)   4. para (*propósito*)   5. por (*tránsito espacial*) *or* para (*destinación*)   6. por (*tránsito espacial*)   7. por (*razón*)   8. Por (*tránsito temporal*)   9. para (*límite temporal*)   10. para (*objetivo*)   11. por (*motivo*)   12. por (*motivo*)   13. para (*propósito*)   14. por (*motivo*)   15. para (*objetivo*)

C.   1. Para ser norteamericano/a, tú hablas muy bien el español.   2. El español siempre ha sido fácil para mí.   3. Voy a la librería por unos cuadernos. ¿Compro algunos para ti también?   4. Luisa prefiere trabajar por la tarde para tener sus mañanas libres.   5. Los Rosenberg fueron ejecutados por traición. Sus acusadores dijeron que trabajaban para los soviéticos.   6. Para que lo sepas, no robé el banco por el dinero. Lo hice por curiosidad, sencillamente para ver si podía.   7. Por muchos años Charles pensaba que sus verdaderos padres estaban muertos. Por eso, no hizo ningún esfuerzo para saber más de ellos.   8. Para muchos animales, el instinto materno termina con poner los huevos, que entonces se abandonan. Otros animales trabajan mucho para proteger su prole y hasta se sacrificarían por ellos.

Repaso de aspectos gramaticales: La voz pasiva

La voz pasiva con *ser*   A. 1. La casa fue vendida por el dueño. 2. Los árboles fueron encendidos por los relámpagos.   3. El regalo será devuelto por Felipe.   4. La cena había sido preparada por los criados. 5. Los moros fueron vencidos por los cristianos.   6. Varias obras de García Lorca han sido presentadas por la clase.

C.   1. X: *complemento indirecto*   2. X: *verbo de percepción*   5. X: *forma progresiva*   6. X: *verbo de emoción*   9. X: *falta de complemento directo*

D.   3. La palabra fue pronunciada por el niño.   4. El barco fue comprado por los Maldonado.   7. La batalla fue perdida por los soldados.   8. El banco fue abierto por el guardia.   10. El gato será encontrado por Fernando.

E.   1. La casa fue construida hace 25 años por la compañía del Sr. Marino. 2. El gobierno estudiantil fue controlado por la administración universitaria.   3. El alcalde fue invitado por un comité de ciudadanos interesados (preocupados).   4. Sus ideas fueron aceptadas por todos los que asistieron a la reunión.   5. El testigo fue interrogado por los abogados de la defensa.

La voz pasiva refleja   A. 1. Se vio al soldado.   2. Se habla español aquí.   3. Se vendieron más autos este año que el año pasado.   4. ¿Se traerá más comida mañana?   5. No se entiende a los inmigrantes. 6. Se visitaron los museos.   7. Se visitó a los enfermos.

B.   1. Algunas de mis canciones favoritas se escribieron en los sesenta. 2. ¿A qué hora se abren las tiendas de comestibles en este pueblo? 3. Se ha invitado a todos sus amigos. 4. Muchos artefactos se donan al museo. 5. Antes de que se acabara el día, todas las cartas se habían escrito y enviado. 6. Durante los meses del otoño, se veían los pájaros todos los días. 7. Se les ha enviado la información necesaria a los estudiantes.

La reflexiva impersonal   A. 1. Se puede ver la luna desde aquí.   2. Se cree que Tom es un genio.   3. Actualmente, se oye mucho de la guerra y la violencia.   4. Se dice que ella es su madre.   5. Es el dilema clásico: no se hace preguntas porque no se sabe lo suficiente para saber lo que no se entiende.   6. No se puede aprender a menos que se practique.

B.   1. Se sabe que el dinero es una motivación fuerte: no se hace nada sin recompensa.   2. Se dice que esas personas no pueden resolver el problema.   3. No se ha puesto suficiente énfasis en los estudios científicos.   4. Cada año se recibe más ayuda del gobierno y cada año se necesita aún más.   5. Se debe usar la voz pasiva si no se tiene un sujeto específico para la oración.

La selección entre la voz activa y las varias formas pasivas   A.   1. Se les dio leche y galletas a los niños.   2. Les dieron leche y galletas a los niños.   3. Los miembros de nuestra organización están modificando la Constitución este año.   4. Durante su historia, España ha tenido siete constituciones diferentes. El documento actual fue aprobado en 1978. 5. Estos platos fueron hechos a mano por los indígenas de Guatemala. 6. Los efectos del gran terremoto chileno del 22 de mayo de 1960 se notaron a una distancia de miles de millas.   7. El tsunami que fue generado por el terremoto causó daños devastadores por la costa chilena y en Hawaii, las Filipinas y Japón.   8. Se observaron olas superficiales que viajaron varias veces en torno a la Tierra.   9. Mucha gente salió corriendo a la calle cuando se sintieron los primeros choques; como resultado, la mayoría de los edificios y casas que fueron destruidos estaban vacantes.   10. Se estimaron los daños a más de medio billón de dólares.

B.   1. Estos libros fueron comprados por Juan.   2. Se compraron varios relojes con el dinero que se recibió.   3. Se dijeron muchas cosas ese día que nunca se olvidarán.   4. Se pagó a los soldados después de que se obtuvieron las armas.   5. El peatón fue matado por el coche. 6. Se observó a los hombres por el espejo.   7. Los polluelos se incubaron electrónicamente.

C.   1. Se les dio ayuda especial a los niños por la tarde.   2. Se leyeron estos cuentos el semestre pasado; ¿qué se lee este curso?   3. Durante las fiestas, las casas serán decoradas y comidas tradicionales serán preparadas por las mujeres del pueblo.   4. Nunca se había visto nada parecido.   5. El gobierno fue derribado por las fuerzas izquierdistas. 6. Este suéter, me lo hizo mi abuela.   7. Invitaron a todos mis amigos a la fiesta. Hasta invitaron a Puccini el perro.   8. Las invitaciones se enviaron el viernes.   9. El sol y la luna siempre han sido adorados por los pueblos primitivos.   10. El resto del dinero no se ha descubierto.

Corrección de pruebas: Formas

*1. Se ha hablado 2. se ha dicho 3. se han recogido 4. Se puede ver 5. se encuentra 6. se entiende 7. se han recogido 8. se puede 9. Se sabe 10. se debe

Repaso de vocabulario útil: El análisis y la clasificación

*1. consta de 2. Se agrupan en vertebrados... e invertebrados 3. Toda exposición consiste en una... 4. Los árboles se dividen en frutales y ornamentales. 5. Las artes se agrupan en visuales y auditivas. Las

visuales constan de la pintura... Las auditivas constan de... 6. se dividen en 7. consiste en 8. el clima no se clasifica... también comprende... 9. se compone de tres partes: lo físico, lo intelectual y lo psicológico 10. Los lagos se agrupan en dos categorías: los de agua dulce y los de agua salada.

CAPÍTULO 4

Primera etapa: Antes de redactar

Aspectos estilísticos: El estilo y la estructura de la oración: la combinación de oraciones por medio de las conjunciones adverbiales

*A. 1. *Versión A:* Los científicos descubrieron (vieron) un problema con el experimento y por eso querían resolverlo antes de continuar. *Versión B:* Ya que los científicos descubrieron (vieron) un problema con el experimento, querían resolverlo antes de continuar. *Versión C:* Los científicos descubrieron un problema con el experimento; así que querían resolverlo antes de continuar. 2. *Versión A:* Los equipos deportivos universitarios requieren la inversión de mucho dinero para atraer a un gran número de aficionados. *Versión B:* Los equipos deportivos universitarios atraen a un gran número de aficionados; por eso, requieren la inversión de mucho dinero. *Versión C:* Ya que los equipos deportivos universitarios atraen a un gran número de aficionados, requieren la inversión de mucho dinero. 3. *Versión A:* Haz más ejercicio y baja de peso para no sufrir de tantos achaques físicos. *Versión B:* Haz más ejercicio y baja de peso a fin de que no sufras de tantos achaques físicos. *Versión C:* Con tal de que hagas más ejercicio y bajes de peso, no sufrirás de tantos achaques físicos. 4. *Versión A:* A fin de asegurar el bienestar de la empresa, las decisiones económicas deben hacerse con cuidado. *Versión B:* Las decisiones económicas aseguran el bienestar de la empresa; por eso, deben hacerse con cuidado. *Versión C:* Para asegurar el bienestar de la empresa, las decisiones económicas deben hacerse con cuidado. 5. *Versión A:* Ya que la gobernadora del estado prometió hacer cambios, piensa nombrar a sus partidarios a puestos importantes dentro de su administración. *Versión B:* La gobernadora del estado prometió hacer cambios y, por eso, piensa nombrar a sus partidarios a puestos importantes dentro de su administración. *Versión C:* La gobernadora del estado prometió hacer cambios; así que piensa nombrar a sus partidarios a puestos importantes dentro de su administración. 6. *Versión A:* Puesto que los conferencistas llegaron a tiempo, la sesión fue bien recibida. *Versión B:* Los conferencistas llegaron a tiempo, así que la sesión fue bien recibida. *Versión C:* Ya que los conferencistas llegaron a tiempo, la sesión fue bien recibida. 7. *Versión A:* No nos preocupamos por la supervivencia de las especies biológicas menos conocidas por eso hay una crisis. *Versión B:* Por no preocuparnos por la supervivencia de las especies biológicas menos conocidas, hay una crisis. *Versión C:* Ya que no nos preocupamos por la supervivencia de las especies biológicas menos conocidas, hay una crisis.

B. 1. Como es alta, será buena jugadora de baloncesto. 2. Mañana vienen con tal de que prometamos escucharlos. 3. Por más que nos dediquemos a la práctica, no seremos músicos. 4. Francisco terminó la carrera antes de que lloviera. 5. Quédate aquí hasta que llegue un taxi. 6. Tendremos que amanecer como no he terminado la lectura para la clase. 7. No comprenderá esa teoría hasta que se la expliquen. 8. No podré comprar la pintura antes de que gane más dinero.

Tercera etapa: La revisión de la forma y la preparación de la versión final

Repaso de aspectos básicos: Usos especiales de los complementos pronominales

Lo «sobreentendido» 1. It's necessary to serve the salad (Salad must be served) at the end, as they do in Spain. (The **lo** has no equivalent in the English version.) 2. And the desserts, if there are any, should be served with coffee. (The **los** is expressed by *any*.) 3. What's the secret? Tell me! (The **lo** has no equivalent in the English version.) 4. As the examples show, these cases happen frequently. (The **lo** has no equivalent in the English version.) 5. The solution is easy, although it may not seem so. (The **lo** is expressed by *so*.) 6. I wish he could control those tendencies, but I know he can't. (The **lo** has no equivalent in the English version.) 7. Everyone should be happy with his (her/their/your) suggestion, and they really are. (The **lo** has no equivalent in the English version.) 8. These methods, according to the experts, allow for greater effectiveness. (The **lo** has no equivalent in the English version.) 9. If you're lucky, you can win; if you're not, then (well)... (The **la** has no equivalent in the English version.) 10. The interpretive summary is not proposed simply to condense the material as the short summary (does). (The **lo** has no equivalent in the English version.)

Lo «redundante» 1. Esta experiencia, de verdad, hay que vivirla. 2. Las copias, ya las archivé; los originales, los mandé llevar (mandé llevarlos). 3. Este tipo de animal lo encontramos por toda la selva. 4. Este libro, creo que lo pueden encontrar en la biblioteca. 5. El (Al) presidente, todos lo admiramos mucho.

Repaso de aspectos gramaticales: El subjuntivo

Lo conocido **versus** *lo no conocido* A. 1. a. El libro existe: *es conocido.* b. El hablante no sabe si existe el libro: *no es conocido.* 2. a. Saben cuál es el trabajo más importante: *es conocido.* Ése es el trabajo que van a hacer primero. b. En este momento *no se conoce* el carácter del trabajo que van a hacer primero. 3. a. Reporta *un hecho:* alguien viene. b. Expresa *un mandato:* quiere que otra persona venga. 4. a. **Cuando** se refiere a *un momento conocido.* b. **Cuando** se refiere a *un momento no conocido.* 5. a. El hablante tiene *poca duda.* b. El hablante *duda.* 6. a. *Afirmación:* trabajan hasta terminar el trabajo (es *una costumbre conocida*). b. *Anticipación:* el fin del trabajo está en el futuro (**hasta que** se refiere a *un momento no conocido*). 7. a. *Afirmación:* la manera en que se hizo la explicación tuvo *el resultado deseado* (todos entendieron la idea). b. Se espera que todos vayan a entender, pero todavía no se ha llevado a cabo la explicación. La explicación (y el resultado) está fuera de nuestra experiencia; *el resultado no es conocido.* 8. a. Lo que tienen que hacer *es conocido* y se sabe que es difícil. b. En este momento *todavía no se sabe* si lo que necesitan aprender es difícil o no: está fuera de nuestra experiencia.

B.   En todos estos ejemplos, cuando se usa el subjuntivo es porque se refiere a algo que está fuera de lo que el hablante considera real; el indicativo es siempre una afirmación de algo que el hablante conoce.
1. Es importante que... Se expresa *un deseo* relacionado con algo (que todos sepan la verdad). Se afirma el deseo, pero no lo que saben.
2. *La acción* de llamar *es hipotética.*   3. La cláusula después de **no porque** se refiere a *algo que no existe → subjuntivo.* La cláusula después de **sino** se refiere a *algo conocido → indicativo.*   4. La manera de hablar *es conocida.*   5. El momento en que Ud. se va al banco está en el futuro; *no ha ocurrido todavía.*   6. La cláusula después de **es que** afirma *algo conocido → indicativo.*   7. La máquina no existe; *no puede ser conocida.*
8. La cláusula después de **dispone que** hace referencia a *una acción futura.*   9. No se sabe cuánto va a costar: **por mucho que** se refiere a una cantidad *no conocida.*   10. Afirmación sobre *algo aceptado como hecho.*

C.   1. No conozco a nadie que aún limpie ventanas.   2. Es importante que todos estén aquí para (antes de) las ocho de la noche.   3. Conocemos a muchos estudiantes que trabajan a tiempo parcial durante el año escolar.   4. El Sr. Chávez dudaba que su compañía pudiera terminar el proyecto tan pronto.   5. Les escribiremos a los Rivera tan pronto como consigamos su dirección.

El subjuntivo de emoción y comentario personal A. 1. *emoción*
2. *acción no conocida; tiempo no conocido* 3. *conocido* 4. *no conocido*
5. *conocido* 6. *emoción; conocido* 7. *conocido* 8. *futuro (no conocido); tiempo no conocido* 9. *alternativas hipotéticas; no conocido* 10. *cláusula principal* 11. *no conocido* 12. *interdependencia*

B. 1. son 2. vaya 3. puede 4. sirvamos 5. recuerde 6. toque
7. vivan 8. salga 9. den 10. es; castiguen 11. haya 12. tienen; actúen

C.   1. Todos dicen que se encontrará una cura dentro de unos años.
2. Ojalá que mi novia tuviera un coche mejor.   3. Él sentía que hubiera perdido mi trabajo.   4. Los reporteros nos aseguraron que el presidente estaría en la conferencia.   5. Tenía miedo de que no tuvieran suficiente dinero para pagar el alquiler.

El subjuntivo en otras construcciones   1. Que sepamos, no hay vida en la luna.   2. La próxima semana tendrás que dar tu discurso, o estés listo/a o no.   3. Quizás (nos) haya llamado cuando estábamos fuera.
4. Margaret es, que yo sepa, la única graduada universitaria de nuestra oficina.   5. Para evitar una espera de una hora debemos, tal vez, hacer una reservación para la cena.

El subjuntivo en oraciones condicionales A. 1. tuviera 2. contestarían 3. fue 4. habría; hubiera 5. existe 6. tuviera; escribiría
7. fuera 8. han

B. 1. De haber preparado mejor; If you (they) had prepared the arguments better, you (they) would have won the debate. 2. no te hubieran dicho eso; If you hadn't insulted them, they wouldn't have said that to you. 3. Hubiera sido preferible tomar otra decisión; It would have been better to make another decision if the circumstances had allowed. 4. De tener más apoyo político; If I (you/he/she) had more political support, I (you/he/she) would win the election. 5. De haber sabido de la tragedia, se hubiera mandado ayuda; If people had known about the tragedy, help would have been sent.

C. 1. Si hubieran sido buenos trabajadores, habrían terminado ya hace mucho tiempo. 2. Si Felipe gana suficiente dinero antes de julio, iremos a Disney World. 3. Si yo te diera cien dólares, ¿qué harías con ellos? 4. Si hay tantos apartamentos, ¿por qué no podemos encontrar uno? 5. Los científicos dijeron que si los volcanes en México no hubieran estado en erupción, habría hecho mejor tiempo los últimos años.

El uso de los tiempos con el subjuntivo A. 1. Dudo que ganen el partido. 2. Es triste que estuviera may enfermo. 3. No tengo ningún amigo que sea cubano. 4. Es increíble que lo aprendiera en dos horas. 5. No creían que tuviera veinte años. 6. Les parecía poco probable que fuera buena idea. 7. No llegó nadie que lo hubiera visto. 8. Es trágico que se muriera joven. 9. Se pusieron tristes de que poco a poco se muriera. 10. Quieren ver una película que haya ganado diez premios.

B. 1. a. Esperamos que nos visiten el año que viene. b. Esperamos que se estén divirtiendo (estén divirtiéndose). c. Esperamos que hayan ido al museo. d. Esperamos que no hicieran demasiado ruido. 2. a. Dudaban que lo hiciera. b. Dudaban que comprendiéramos. c. Dudaban que les hubiera escrito.

El uso del subjuntivo: Un poco de todo 1. quiera 2. sean, tienen 3. vea 4. asistir, tengan 5. resuelva 6. tiene 7. se burla 8. esté 9. traer 10. recibas 11. sepa, sirve 12. trabajen 13. quieras, rompas 14. haya 15. tengamos, tuviéramos

Un poco de todo 1. se hizo 2. note 3. se han documentado 4. reveló 5. leyó 6. pudo 7. había leído 8. leyera 9. Se ubicaron 10. se citaron 11. incluyera 12. se mencionaron 13. emparentó 14. hizo 15. figuraran 16. reconociera 17. iba a impedir 18. fue identificado 19. hubo 20. se hiciera

Corrección de pruebas: Formas

acabe → acaba, recibiera → recibió, permite → permita, tiene → tenga, hay → haya, puede → pueda, tenía → tuviera, falten → faltan

Repaso de vocabulario útil: Comparación/contraste; causa/efecto; introducciones/conclusiones

A. 1. a diferencia del 2. al igual que 3. Tanto... como 4. no obstante 5. se parece a, a diferencia de

B. 1. pero 2. sino 3. Generalmente 4. Lo primero 5. luego 6. por eso 7. Aunque 8. Quizás 9. pero 10. Todavía 11. aunque 12. desgraciadamente

*D. 1. conviene estudiar (hay que tener presente) 2. en cuanto a (con respecto a) 3. hay que tener en cuenta 4. por lo que se refiere a (en lo tocante a) 5. ponemos de relieve (destacamos)

*E. 1. En el fondo (En realidad); por consiguiente (por lo tanto) 2. En resumen (En resumidas cuentas) 3. comoquiera que se examine el hecho 4. en definitiva (después de todo) 5. En resumidas cuentas (A fin de cuentas)

CAPÍTULO 5

Primera etapa: Antes de redactar

Aspectos estilísticos: El estilo y la estructura de la oración: Más práctica en las técnicas para combinar oraciones

*A. 1. Entre las muchas exposiciones caninas, una de las más prestigiosas es la Exposición Canina de Westminster que tiene lugar en Nueva York cada año en febrero. Los animales premiados, que son de pura sangre, se presentan y se juzgan según reglas muy estrictas. Conocidos al nivel nacional, los jueces tienen muchos años de experiencia en criar y presentar animales. 2. Un gran número de personas a quienes les molestan (que padecen de) alergias a varias plantas tocen, estornudan, se congestionan y sienten comezón en partes del cuerpo, síntomas que ocurren más en el otoño y la primavera. Estos afligidos se quedan dentro de la casa con las ventanas cerradas usando medicinas o remedios caseros para aliviarse. 3. Los parques nacionales que se encuentran en muchas partes del país no se parecen los unos a los otros porque tienen características que ponen en relieve algún aspecto sobresaliente de cada región. Entre ellos hay parques que muestran la diversidad ecológica como un cañón en Arizona, animales en su hábitat natural y aguas termales en Wyoming, una región pantanosa en Florida, una península en Washington con glaciares cubriendo las montañas al lado de un bosque tropical templado y cavernas debajo del desierto en Nuevo México. 4. Después de la temporada navideña, que dura desde mediados de diciembre hasta mediados de enero, sigue la de baile, cuando llegan a los teatros de nuestra ciudad unas cuantas compañías profesionales de baile. En los últimos dos o tres años han llegado compañías, representando muchos estilos y países, de baile clásico, moderno y folclórico. 5. Al graduarse de la universidad, los muchachos buscan trabajo. Algunos, a quienes les gusta ser mimados por sus padres, quieren volver a donde se criaron para visitar a su familia de vez en cuando y otros no.

*B. 1. *Oraciones simples:* Me pasé mucho tiempo en el Internet. Trataba de obtener acceso a mi correo electrónico. Estaba fuera del país. Quería dejarle saber a mi familia que había llegado sin problema. Ya estaba gozando de las vistas, los sonidos y los aromas de este lugar tan bello. Desgraciadamente no pude hacer la conexión ese primer día. *Oraciones recombinadas:* Al tratar de obtener acceso a mi correo electrónico desde fuera del país, me pasé mucho tiempo en el Internet. Ya que había llegado sin problema y que estaba gozando de las vistas, los sonidos y los aromas de este bello lugar, quería dejárselo saber a mi familia; desgraciadamente no pude hacer la conexión ese primer día.   2. *Oraciones simples:* La organización Hábitat para la Humanidad construye casas para personas necesitadas. Estas personas viven en muchas comunidades alrededor del mundo. Voluntarios ayudan. Pueden ser de la misma comunidad. Representan iglesias, organizaciones fraternales, escuelas, universidades o empresas comerciales. Voluntarios de otras comunidades u otros países prestan servicio también. Hay unas personas jubiladas que viajan a través de los Estados Unidos en sus caravanas de casas rodantes. Van a lugares donde los necesitan. Ayudan con la construcción. *Oraciones recombinadas:* Muchas comunidades alrededor del mundo, bajo el patrocinio de Hábitat para la Humanidad, cuentan con la ayuda de voluntarios locales, de iglesias, organizaciones fraternales, escuelas, universidades o empresas comerciales, para construir casas para personas necesitadas; además, hay voluntarios de otras comunidades, u otros países, como los jubilados que llegan en sus caravanas de casas rodantes, prestando servicio donde pueden.   3. *Oraciones simples:* El Sr. Presidente de México llegó al estado de Baja California Sur. Fue a principios del año 2003. Inauguró un nuevo parque nacional. Se llama el Parque Nacional de la Isla Espíritu Santo. Consiste en esta isla y los islotes que la circundan. La meta principal del parque es proteger las aves, los peces, las ballenas y los lobos marinos. Todos estos animales viven en el parque y en las aguas que lo rodean. *Oraciones recombinadas:* Se inauguró un nuevo parque nacional en México a principios del año 2003 con la llegada del Sr. Presidente del país al estado de Baja California Sur. Este parque, el Parque Nacional de la Isla Espíritu Santo, que consiste en esta isla y los islotes alrededor de ella, tiene como meta principal la protección de las aves, los peces, las ballenas y una colonia grande de lobos marinos que viven en sus tierras y sus aguas.   4. *Oraciones simples:* La profesión médica carece de un número adecuado de enfermeros y enfermeras. Hay que cuidar a los pacientes. Los pacientes se encuentran ya sea en los hospitales, los asilos para ancianos o en sus propios hogares. Están enfermos o están recuperándose después de una cirugía. Hay una emergencia médica. Se podrá resolver sólo con mejores sueldos, beneficios y condiciones de trabajo. Es necesario atraer a personas a estos trabajos. *Oraciones recombinadas:* Hace falta, en la profesión médica, un número adecuado de enfermeros y enfermeras para cuidar a los enfermos y las personas que se recuperan después de una cirugía, ya sea en los hospitales, los asilos para ancianos o sus propios hogares; debido a esto, hay una emergencia médica cuya resolución depende de atraer a bastantes personas ofreciéndoles mejores sueldos, beneficios y condiciones de trabajo.   5. *Oraciones simples:* Las personas que se interesan por la ecología se preocupan por el bienestar del planeta. Luchan contra los abusos de las industrias químicas y petroleras. Luchan contra la sobrepoblación. Se preocupan por el desperdicio de los recursos naturales. Un recurso importante es el agua. Quieren proteger las bellezas y las riquezas de nuestro mundo. Hacen todo lo que pueden. *Oraciones recombinadas:* A fin de proteger, cuanto más se pueda, las bellezas y riquezas de nuestro mundo, hay personas, interesadas en la ecología, que se preocupan por el bienestar del planeta; por lo tanto, luchan contra los abusos de las industrias químicas y petroleras, la sobrepoblación y el desperdicio de los recursos naturales más importantes como el agua.

Tercera etapa: La revisión de la forma y la preparación de la versión final

Repaso de aspectos básicos: Verbos con preposiciones

A. 1. piensas de 2. cumplió con 3. casarse con 4. falta a
5. tropezó con 6. insistirá en 7. tratan de 8. depende de 9. me acordé de 10. Empezó a

B. 1. de, con 2. —, con, —, a 3. a, — 4. en 5. con 6. en 7. de
8. de 9. a 10. en/a, de, en

C. 1. De repente se dieron cuenta de que no llegarían a tiempo. 2. El plomero (fontanero) vendrá a arreglar el grifo mañana. 3. Uno de los jugadores insistió en cambiar las reglas del juego (partido). 4. Debemos enterarnos de qué buscan. 5. Margarita había trabajado mucho, y después de graduarse pudo gozar del sueldo excelente que su título en ingeniería hizo posible. 6. Esperamos que nuestros vecinos dejen de cortar el césped los sábados por la mañana para que podamos dormir hasta más tarde.

Corrección de pruebas: Formas

1. se enamoró con → se enamoró de 2. tardó de → tardó en 3. OK
4. soñar en → soñar con 5. aprender cocinar → aprender a cocinar
6. OK 7. Iba pedirle → Iba a pedirle 8. se tropezó a → se tropezó con 9. insistió con presentarle → insistió en presentarle 10. Pensamos a casarnos → Pensamos casarnos 11. OK 12. se acordó con → se acordó de 13. aprender de cocinar → aprender a cocinar

Repaso de aspectos gramaticales: Los pronombres relativos

A. 1. que 2. que 3. que, los que, los cuales 4. lo cual 5. la que, la cual 6. el cual 7. a que, al que 8. quienes, los cuales
9. el cual 10. quien, la que

*B. 1. El puente Golden Gate de San Francisco, que es muy largo, es conocido por todo el mundo. 2. Compré un aparato con el que puedo pelar patatas. 3. Inventaron un aparato complicado con el cual es posible guiar los rayos láser. 4. Las ventanas de los coches, las cuales fueron diseñadas este año, son electrónicas. 5. Todas estas parejas que antes estaban casadas todavía mantienen una relación amigable. 6. En el libro se describe un proceso médico mediante el cual se extrae la sangre del cuerpo para purificarla. 7. Todos los procesos médicos de los que nos hablaron tienen grandes repercusiones en las personas que sufren de enfermedades cardíacas. 8. El árbol, en el que el ladrón había escondido las joyas, fue destruido durante una tempestad. 9. La duquesa de quien el ladrón había robado las joyas ya se había muerto, lo cual causó problemas jurídicos. 10. Existen muchos fenómenos cuyas explicaciones no se basan en la ciencia.

C. 1. Miguel Angel Asturias es uno de los escritores latinoamericanos que ha recibido (a quien le han otorgado) el Premio Nobel de literatura. 2. Los Santiago son las personas cuya casa mi cuñado compró. 3. El músico con quien estudié murió en un accidente hace unos meses. 4. Quienes (Los que) huyeron del enemigo durante la guerra encontraron nuevas casas en un país vecino. 5. Las jóvenes parejas polacas de las que me has oído hablar tanto llegan esta tarde para una visita.

D. 1. El libro del que hablaba el profesor aún no está disponible en la librería. 2. Su último concierto, que fue en el estadio, tuvo un gran éxito. 3. El semestre durante el cual los (las) conocí fue muy difícil para mí. 4. Ese es el museo cuya colección de artefactos indígenas más nos interesa. 5. Los resultados de la investigación, los cuales acaban de ser revelados, prueban que su muerte fue un accidente.

E. 1. Lo que más le interesa es ganar el torneo. 2. Por fin asistió a su graduación, después de la cual sus amigos le hicieron una gran fiesta. 3. Manejaron muy rápido, lo cual resultó en que el policía les puso una multa. 4. Juan no compró nada que su compañero de cuarto había pedido. 5. Linda nunca llegaba a tiempo, por lo cual finalmente fue despedida.

Corrección de pruebas: Formas

A. los cuales → que; los que → que; los cuales → los que; cual → las cuales; la que → que; el que → lo cual; la cual → que

B. problemas → los problemas, convertido → convertidas, puedan → pueden, cual → una ley cual es llamada → una ley llamada, toca → toque, quien → que

Repaso de vocabulario útil: Los argumentos

1. A causa de 2. Según 3. Los partidarios, Los contrincantes 4. mantienen que, está de acuerdo con, es evidente que, de antemano

CAPÍTULO 6

Primera etapa: Antes de redactar

Aspectos estilísticos: Las formas no personales del verbo y la combinación de oraciones

El gerundio: El «adverbio verbal» 1. Siendo 2. Caminando de puntillas 3. Oyendo el tumulto afuera 4. Machacando la mezcla una y otra vez 5. Dividiendo el total entre todos

El infinitivo: El «sustantivo verbal» A. 1. Al hacer las pruebas científicas 2. Al desarrollar la película 3. al hablar con un desconocido. 4. Al llegar al cine, Ernesto 5. al mecerlo en la cuna

*B.   1. Al querer traer el éxito de las películas a la televisión, los directores de programación, en un fenómeno interesante, cada año proponen nuevos programas basados en películas populares. A veces lo que sale en la pantalla en nuestra sala resulta en un éxito, pero generalmente no. 2. Saliendo de la residencia muy temprano, antes del amanecer, el joven fue a la biblioteca universitaria para estudiar un poco más. Ya que era el día de un examen importante, sabía que tenía que aprender algo sobre los autores estudiados aunque no había leído lo debido hasta anoche, y por consiguiente, casi no había dormido. Al sentarse a revisar la información sobre los autores, por estar muy cansado, se durmió y no despertó hasta mediados de la mañana.   3. Sin representar a ningún país, *Médicos sin fronteras*, una organización internacional, envía a personal médico a lugares donde hay catástrofes naturales o causados por el hombre, tales como terremotos, fuegos, inundaciones, guerras, hambre y epidemias. Ya que los médicos y enfermeros llevan vacunas, medicinas y el equipo médico quirúrgico, la mayoría de los países pobres acepta esta ayuda (este auxilio) con gratitud.   4. Aunque pienso trabajar de intérprete después de graduarme, ahora, ya que he aprendido un poco sobre esa carrera, sé que, al contrario de lo que creía, no es tan fácil como sólo traducir palabras de un idioma a otro; luego tendré que estudiar más. Quiero estudiar en un programa especial para intérpretes porque, a pesar de hablar bien, tener un vocabulario adecuado y escribir con aptitud, todavía tengo mucho que aprender sobre los matices de la lengua.   5. Por tener una población muy diversa, con inmigrantes de todo el mundo, las caras y las voces de Nueva York son muchas. Las caras, representando a comunidades latinas, africanas, asiáticas y europeas que viven ahí, se ven por todas partes de la ciudad. También se oyen muchas lenguas en esta Torre de Babel que son las calles y los subterráneos. Es emocionante vivir en esta ciudad, tan llena de inmigrantes que ya tienen muchos años en Nueva York o que acaban de llegar.

Tercera etapa: La revisión de la forma y la preparación de la versión final

Repaso de aspectos básicos: Los artículos definidos e indefinidos

El uso del artículo definido   A. 1. Los perros son buenos compañeros para los niños.   2. Ella creía que el matrimonio ofrecía más seguridad.   3. En inglés no hay tal palabra.   4. Mis tíos iban a visitar a los García.   5. Hay que cruzar el Atlántico para llegar a Europa desde aquí.   6. ¿Dónde dejaste el sombrero?   7. Sr. Montaño, ¿piensa Ud. que la agricultura puede resolver el problema de hambre?   8. ¡Qué bien hablan ellos el japonés!   9. Ayer fue el sábado más frío del año.   10. Me parece que el profesor Miranda siempre espera lo mejor de sus estudiantes.   11. ¿Es la fiesta el martes?   12. Lo gastado no se puede recobrar.   13. Siempre le duele la cabeza cuando hay mucha humedad.   14. Ese barco de vapor navega por el mar Mediterráneo.   15. Todos podemos contar con la muerte.   16. ¿Quiere Ud. helado?   17. Los domingos, siempre va a misa.   18. El español, el francés y el italiano son lenguas romances.   19. El petróleo se agotará más rapido que la energía solar.   20. En los países tropicales, la ropa suele ser de algodón.

B.   1. a. se usa ante el apellido de una familia   b. se usa ante los nombres de los días   c. se omite ante los nombres de países, estados, ciudades   d. se usa el artículo neutro ante el adjetivo para sustantivarlo   e. se usa ante los títulos de personas   f. se usa ante los sustantivos para las partes del cuerpo   g. se omite en frases con *a* + *casa*   h. se usa ante un sustantivo empleado en sentido general   i. se omite cuando implica *some, any* o *many*   j. se usa ante sustantivo empleado en sentido general   2. a. se omite ante el nombre de un día después de *ser*   b. se usa ante los títulos de personas   c. se usa ante un sustantivo empleado en sentido específico cuando se modifica   d. se usa ante un sustantivo empleado en sentido general   e. se omite en frases con *en* + *clase*   f. se usa ante un sustantivo empleado en sentido general   g. se usa ante un sustantivo empleado en sentido general   h. se usa el adjetivo posesivo cuando existe la posibilidad de ambigüedad   i. se usa ante las expresiones para dar la hora   j. se omite en frases con *a* + *casa*   k. se omite después de *de* en frases que modifican un sustantivo

C.   1. Nuestros vecinos fueron a El Paso para visitar a la familia de su nuera.   2. Tengo (Sufro de, Padezco de) alergias a los gatos pero no a los perros.   3. Esos muchachos son los primos hermanos de Juan.   4. Hoy en día, la música popular es más interesante por su variedad.   5. Los Moreno tuvieron su reunión anual durante el verano.   6. Algunos de nosotros estudiamos italiano además de español.   7. Siempre van a la misa del gallo en Nochebuena; luego cenan y abren los regalos.   8. El lago Michigan es el único de los Grandes Lagos que no linda con el Canadá.   9. Se me hace muy difícil despertar temprano los lunes por la mañana.   10. Ojalá hubiera invertido algún dinero en oro hace unos años porque ahora se vende a muchísimo más de $400 la onza.

El uso del artículo indefinido   A.   1. ¡Qué músico! Tiene un talento enorme.   2. ¿Hay problemas? ¿No tienen Uds. ni una pregunta?   3. Mi padre es dentista; mi madre es contadora.   4. Sin corbata, no le podemos servir.   5. Yo creo que podríamos aprender más con otro libro.   6. No hay persona que lo entienda.   7. El lago es puro todavía; tiene agua cristalina.   8. Hay un estudiante que habla tal lengua en nuestra clase.   9. No hubo manera de hacerle cambiar de opinión, aunque se lo dijimos mil veces.   10. Hay otra cosa que me molesta mucho: ¡el fumar!

B.   1. ¿Tiene hermano?   2. Ella es demócrata; su esposo es republicano.   3. El Sr. Molina es un maestro/profesor muy bueno.   4. No entendieron ni una palabra. Sin intérprete estaban perdidos.   5. No tengo ni un centavo.   6. ¡Qué ganga! ¡Acabo de pagar cien dólares por un Picasso!   7. Buscan un secretario / una secretaria. Necesitan una persona que hable quechua con fluidez.   8. Otra cosa que necesitamos es una computadora; mucho es fácil (se hace fácilmente) con computadora.   9. Nos alegraremos si vienen cien personas al concierto.   10. Es verdad que ella es artista, pero todavía no es una pintora bien conocida.

Repaso de aspectos gramaticales: El uso del gerundio

El uso verbal del gerundio   A.   1. Habíamos estado leyendo   2. seguía cantando   3. Vinieron corriendo   4. estaba entrevistando   5. estaba cosiendo   6. escuchaba   7. Estábamos sembrando   8. Ha estado caminando   9. viajarán   10. Habíamos planeado

B. 1. no, *futuro* 2. sí 3. no, *posición* 4. no, *futuro* 5. no, *duración* 6. no, *futuro* 7. sí 8. no, *posición* 9. sí 10. no, *ir*

C. 1. Estaba lloviendo 2. estaba sentada 3. Estaba leyendo 4. seguía haciendo punto (seguía tejiendo) 5. habíamos jugado 6. se acercaban 7. venía llevando 8. empezaba

D. 1. Los niños seguían jugando aun después de que empezó a llover. 2. Papá nos escribió para decirnos cuándo llegaría. 3. El hijo de mi vecino ha practicado el baloncesto todo el verano. 4. El conductor ya estaba parado delante de la orquesta cuando se apagaron las luces. 5. La noche antes de un examen, los profesores esperan que los estudiantes estén estudiando y que no estén fuera bebiendo. 6. La última vez que vi al Sr. Vigil, estaba reclinado muy cómodamente en una hamaca en el jardín. 7. Si conozco a Dolores, ella estará escribiendo su informe mucho después de medianoche.

El uso adverbial del gerundio 1. Pasé el día pensando en ti. 2. Recogiendo todo el dinero por sí solo, Guille ahorró mucho tiempo. 3. Esperando su tren, se dio cuenta de cuánto lo había extrañado. 4. Viendo que no queríamos entrar en la oficina, salió para hablarnos. 5. Sintiéndome mal, no quise ir al concierto. 6. Llevando el vino, se cayó. 7. Ganando poco, tuvimos que pedirles dinero prestado a nuestros padres. 8. El viejo pasó el invierno cortando árboles. 9. Viendo lo bonito que era la mesa, decidió comprarla. 10. Anoche, después del partido, se fueron por toda la ciudad cantando y gritando.

Usos inapropiados del gerundio 1. Me dio papel de escribir bonito para mi cumpleaños. 2. Comer mucho sin hacer ejercicio te aumentará de peso. 3. Tomamos lecciones de cantar este semestre. 4. Dijeron que habían visto un platillo volador anoche. 5. El hombre parado delante de la tienda está recogiendo latas de aluminio. 6. Buenas destrezas de leer son esenciales para el éxito en la escuela. 7. La caja que contiene sus juguetes está en el sótano. 8. Mi compañero de cuarto siguió estudiando después de que yo me acosté. 9. Van a comprar sus anillos de boda. 10. El apartamento no tenía agua corriente ni luz.

Corrección de pruebas: Formas

A. Bailando → Bailar, estado teniendo → tenido, bailando → bailar, dirigiendo → dirigir, dirigiendo → dirigir, bailando → bailar, dirigiendo → dirigir, bailando → bailar, dirigiendo → dirigir, Habiendo hecho → Hecha

B. saben → sepan, sea → es, nieguen → niegan, triunfa → triunfe, tiene → tenga, ayudan → es, logra → logre, volverá → vuelve

Repaso de vocabulario útil: Las transiciones; resumiendo y comentando la acción de una obra

I. El vocabulario para marcar las transiciones 1. d 2. g 3. b 4. e 5. c
II. El vocabulario para comentar un texto argumentativo 1. e 2. d 3. a 4. f 5. c